CHIAVENATO & MATOS

Visão e Ação Estratégica

O GEN | Grupo Editorial Nacional – maior plataforma editorial brasileira no segmento científico, técnico e profissional – publica conteúdos nas áreas de ciências sociais aplicadas, exatas, humanas, jurídicas e da saúde, além de prover serviços direcionados à educação continuada e à preparação para concursos.

As editoras que integram o GEN, das mais respeitadas no mercado editorial, construíram catálogos inigualáveis, com obras decisivas para a formação acadêmica e o aperfeiçoamento de várias gerações de profissionais e estudantes, tendo se tornado sinônimo de qualidade e seriedade.

A missão do GEN e dos núcleos de conteúdo que o compõem é prover a melhor informação científica e distribuí-la de maneira flexível e conveniente, a preços justos, gerando benefícios e servindo a autores, docentes, livreiros, funcionários, colaboradores e acionistas.

Nosso comportamento ético incondicional e nossa responsabilidade social e ambiental são reforçados pela natureza educacional de nossa atividade e dão sustentabilidade ao crescimento contínuo e à rentabilidade do grupo.

Idalberto **Chiavenato** | Francisco Gomes de **Matos**

Visão e Ação Estratégica
Os Caminhos da Competitividade

4ª EDIÇÃO

- Os autores deste livro e a editora empenharam seus melhores esforços para assegurar que as informações e os procedimentos apresentados no texto estejam em acordo com os padrões aceitos à época da publicação, *e todos os dados foram atualizados pelos autores até a data de fechamento do livro.* Entretanto, tendo em conta a evolução das ciências, as atualizações legislativas, as mudanças regulamentares governamentais e o constante fluxo de novas informações sobre os temas que constam do livro, recomendamos enfaticamente que os leitores consultem sempre outras fontes fidedignas, de modo a se certificarem de que as informações contidas no texto estão corretas e de que não houve alterações nas recomendações ou na legislação regulamentadora.

- Data do fechamento do livro: 20/12/2021

- Os autores e a editora se empenharam para citar adequadamente e dar o devido crédito a todos os detentores de direitos autorais de qualquer material utilizado neste livro, dispondo-se a possíveis acertos posteriores caso, inadvertida e involuntariamente, a identificação de algum deles tenha sido omitida.

- Atendimento ao cliente: (11) 5080-0751 | faleconosco@grupogen.com.br

- Direitos exclusivos para a língua portuguesa
  Copyright © 2022
  Editora Atlas Ltda.
  Uma editora integrante do GEN | Grupo Editorial Nacional
  Travessa do Ouvidor, 11
  Rio de Janeiro – RJ – 20040-040
  www.grupogen.com.br

  Reservados todos os direitos. É proibida a duplicação ou reprodução deste volume, no todo ou em parte, em quaisquer formas ou por quaisquer meios (eletrônico, mecânico, gravação, fotocópia, distribuição pela Internet ou outros), sem permissão, por escrito, da Editora Atlas Ltda.

- Capa: Bruno Sales

- Editoração eletrônica: Padovan Serviços Gráficos e Editoriais

- Ficha catalográfica

CIP-BRASIL. CATALOGAÇÃO NA PUBLICAÇÃO
SINDICATO NACIONAL DOS EDITORES DE LIVROS, RJ

C458v
4. ed.

Chiavenato, Idalberto, 1936-
Visão e ação estratégica : os caminhos da competitividade / Idalberto Chiavenato, Francisco Gomes de Matos. - 4. ed. - Barueri [SP] : Atlas, 2022.

Inclui bibliografia e índice
ISBN 978-65-5977-162-2

1. Administração de empresas. 2. Planejamento estratégico. I. Matos, Francisco Gomes de, 1933-. II. Título.

21-74686　　　　　　　　　　　　CDD: 658.4012
　　　　　　　　　　　　　　　　　CDU: 005.51

Parabéns!

Além da edição mais completa e atualizada do livro *Visão e Ação Estratégica*, agora você tem acesso à Sala de Aula Virtual do Prof. Idalberto Chiavenato. **Chiavenato Digital** é a solução que você precisa para complementar seus estudos.

São diversos objetos educacionais, como vídeos do autor, mapas mentais, estudos de caso e muito mais!

Para acessar, basta seguir o passo a passo descrito na orelha deste livro.

Bons estudos!

 Confira o vídeo de apresentação da plataforma pelo autor.

 uqr.to/hs6d

Sempre que o ícone [SALA DE AULA VIRTUAL] aparece, há um conteúdo disponível na Sala de Aula Virtual.

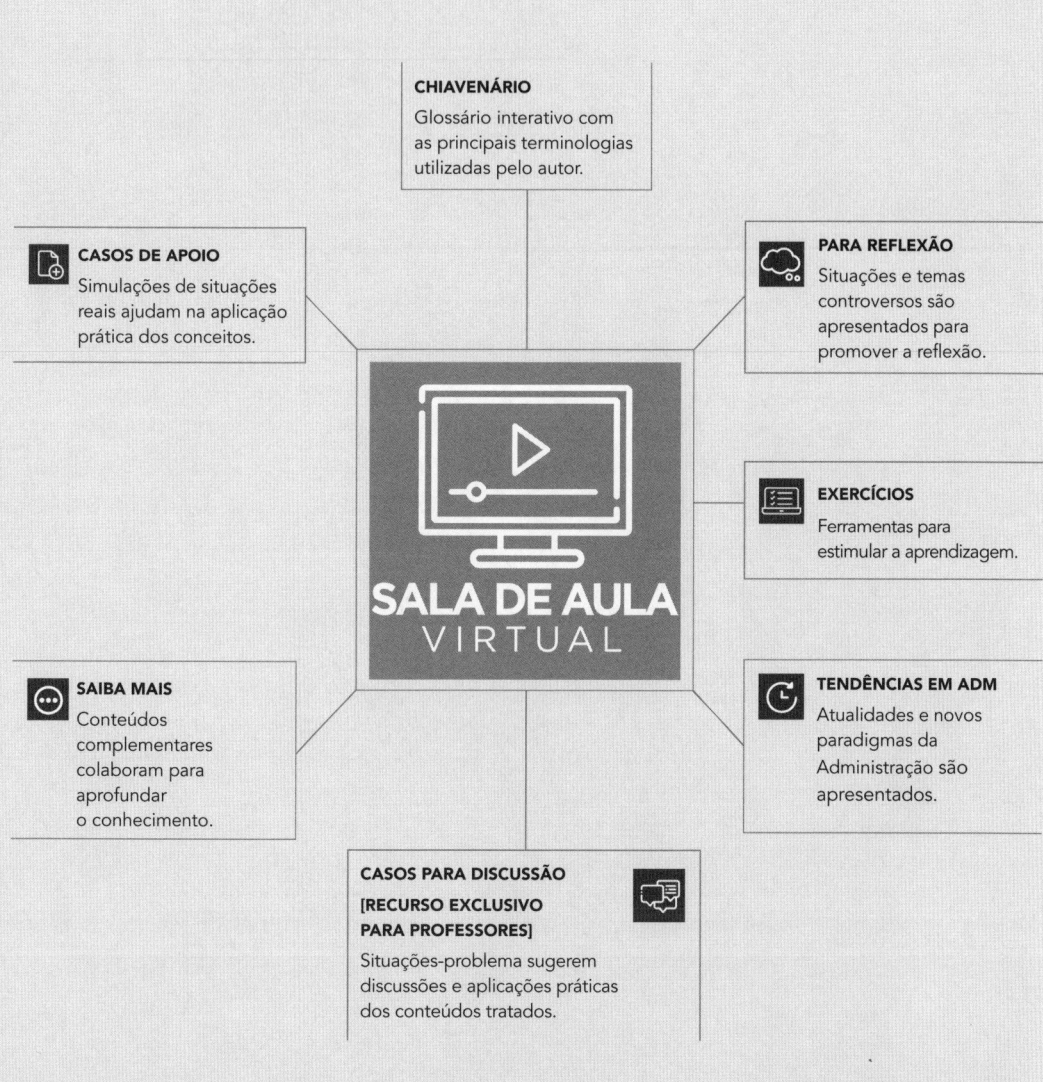

CHIAVENÁRIO
Glossário interativo com as principais terminologias utilizadas pelo autor.

CASOS DE APOIO
Simulações de situações reais ajudam na aplicação prática dos conceitos.

PARA REFLEXÃO
Situações e temas controversos são apresentados para promover a reflexão.

EXERCÍCIOS
Ferramentas para estimular a aprendizagem.

SAIBA MAIS
Conteúdos complementares colaboram para aprofundar o conhecimento.

TENDÊNCIAS EM ADM
Atualidades e novos paradigmas da Administração são apresentados.

CASOS PARA DISCUSSÃO
[RECURSO EXCLUSIVO PARA PROFESSORES]
Situações-problema sugerem discussões e aplicações práticas dos conteúdos tratados.

SOBRE OS AUTORES

Idalberto Chiavenato é Doutor e Mestre em Administração pela City University Los Angeles (Califórnia, EUA), especialista em Administração de Empresas pela Escola de Administração de Empresas de São Paulo da Fundação Getulio Vargas (FGV EAESP), graduado em Filosofia e Pedagogia, com especialização em Psicologia Educacional, pela Universidade de São Paulo (USP), e em Direito pela Universidade Presbiteriana Mackenzie.

Professor honorário de várias universidades do exterior e renomado palestrante ao redor do mundo, foi professor da FGV EAESP. Fundador e presidente do Instituto Chiavenato e membro vitalício da Academia Brasileira de Ciências da Administração. Conselheiro e vice-presidente de Assuntos Acadêmicos do Conselho Regional de Administração de São Paulo (CRA-SP).

Autor de 48 livros nas áreas de Administração, Recursos Humanos, Estratégia Organizacional e Comportamento Organizacional publicados no Brasil e no exterior. Recebeu três títulos de *Doutor Honoris Causa* por universidades latino-americanas e a Comenda de Recursos Humanos pela ABRH-Nacional.

Francisco Gomes de Matos é administrador, consultor, conselheiro da PUC-Rio. Desenvolve pesquisas, estudos e consultoria de estratégia empresarial, liderança e cultura corporativa, com foco em profissionalização da empresa familiar. Foi consultor em grandes organizações, como Bradesco, MetroRio, Ibope, Banco Central, Sendas, Senac, Confederação Nacional da Indústria, bem como autor de 33 livros de Gestão. Lecionou na PUC-Rio, FGV-RJ e UERJ, fundou o Conselho Empresarial de Ética da ACRJ, é membro da Academia Brasileira de Ciência da Administração e foi patrono e paraninfo de várias turmas de Administração. Possui várias comendas, como a Ordem Nacional do Mérito do Trabalho e a Medalha Tiradentes, cidadania do Estado do Rio de Janeiro. Foi o primeiro a receber o Prêmio Belmiro Siqueira pelo Conselho Regional de Administração do Rio de Janeiro. Tem atuação permanente como consultor e conferencista no Brasil e no exterior. *E-mail* do autor fgmatos2000@uol.com.br

PREFÁCIO

A perfeita sintonia com o novo milênio depende cada vez mais do desenvolvimento de duas competências essenciais que o administrador deve possuir e utilizar para que seja um estrategista, e não apenas um especialista. O especialista se preocupa, geralmente, com sua função específica e no imediatismo do curto prazo. O estrategista vai além. A primeira das suas competências essenciais é a Visão Estratégica. A Visão Estratégica tem dois significados que caracterizam a mente do estrategista. O primeiro significado está na dimensão espacial. Significa pensar grande e raciocinar em termos de totalidade; mirar o todo, e não apenas cada uma de suas partes integrantes. Chamaremos isso de foco holístico e sistêmico. O estrategista tem uma noção de totalidade em que vê a cidade, e não apenas as ruas; ou a floresta, e não apenas suas árvores. A Visão Estratégica percebe o todo e as funções de cada uma de suas partes. A apreensão da totalidade permite visualizar a situação como um campo dinâmico de forças interagentes que se conflitam ou cooperam, provocando resultados que são diferentes de cada uma das partes envolvidas. O segundo significado está na dimensão temporal na mente do estrategista. Significa pensar para frente e raciocinar em termos de futuro e suas decorrências no longo prazo. Significa mirar metas e objetivos situados no final do caminho a percorrer. Chamaremos isso de foco no longo prazo ou capacidade antecipatória, já que a mente do estrategista percebe as consequências de decisões e ações atuais ao longo do tempo.

Assim, a Visão Estratégica envolve, necessariamente, o foco holístico e sistêmico e o foco no longo prazo. Isso lhe permite uma enorme e profunda capacidade de diagnóstico de situações e uma incrível capacidade proativa e intuitiva. Em uma época impactada por transformações radicais, a capacidade de perceber todo o contexto e de antecipar-se às ocorrências é fundamental ao êxito empresarial. As empresas bem-sucedidas sabem perfeitamente como utilizar essa capacidade holística e sistêmica e, ao mesmo tempo, proativa e antecipatória muito antes que seus concorrentes tenham condições de perceber e pensar em tentar fazê-lo. Aliás, administradores com Visão Estratégica agregam um valor inestimável às empresas. Por isso mesmo, "valem ouro" no mercado.

A segunda competência essencial é saber transformar a Visão Estratégica em Ação Estratégica. Ou seja, realizar e concretizar a visão por meio de engajamento, compromisso, iniciativa e trabalho das pessoas envolvidas. Enquanto a Visão Estratégica está na mente do administrador, a Ação Estratégica está nos resultados concretos que oferece por meio de seu trabalho. Para tanto, o administrador – como um verdadeiro estrategista – deve ser excelente em liderança, motivação, trabalho participativo e envolvente em equipes integradas e em estratégias de transformação. A Ação Estratégica requer o desenvolvimento de liderança de lideranças, a valorização das pessoas e das equipes e a criação de um clima de intensa participação e envolvimento criativo. Sobretudo, ela requer a transformação dos administradores em consultores internos, em impulsionadores de pessoas, em provedores de soluções e garimpadores de oportunidades para as empresas. Isso significa saber utilizar a maior riqueza inexplorada das pessoas: o conhecimento, bem como seu recurso mais sofisticado: a inteligência – tudo isso associado ao mais importante: a serviço da empresa, do cliente e das próprias pessoas envolvidas nessa metamorfose empreendedora e criativa.

A Visão e a Ação Estratégica requerem administradores visionários e agentes proativos de mudança e inovação. Em síntese, Visão e Ação Estratégica buscam transformar a organização em uma empresa excelente, por meio das respostas aos seguintes desafios:

- Como manter a competitividade da empresa em um mercado dinâmico e mutável que exige competências continuamente renovadas?
- Como superar estrategicamente os riscos da concorrência globalizada e ter sucesso? Onde buscar as vantagens competitivas e diferenciais?
- Como desenvolver o conhecimento e a tecnologia exigidos para a permanência e a sobrevivência no mercado? Como sair na frente?
- Como valorizar as forças internas que realmente fazem a diferença: equipes integradas, pessoas felizes e objetivos estratégicos?
- Como conscientizar e capacitar todos os funcionários quanto à missão, à visão e aos negócios da empresa?
- Como fazer com que todas as pessoas da organização saibam agregar valor ao negócio, ao produto/serviço, ao cliente e a si próprias? Como melhorar continuamente a organização?
- Quais os fundamentos de um legítimo processo de renovação empresarial?

No decorrer da Era da Informação e, principalmente, agora, na Era Digital, em que vivemos, as características são as mudanças rápidas e profundas, incertas e ambíguas, inesperadas e voláteis. Nesse mundo complexo, a Visão e a Ação Estratégica constituem a plataforma para a necessária e urgente reimaginação e renovação empresarial em um mercado altamente dinâmico, mutável e competitivo. Em um contexto de intensa mudança, a única saída para o sucesso empresarial é a criatividade e a inovação capazes de produzir rápidas e intensas mudanças. E tudo passa a depender da contínua e constante renovação empresarial capaz de permitir apoio e reforço à inovação. Não se pode mais utilizar arquiteturas organizacionais tradicionais e estratégias empresariais de manutenção do *status quo* típicas da Era Industrial, nem depender de executivos conservadores formados no final da Era Industrial para enfrentar o dinâmico mundo atual dos negócios da Era Digital. O mundo mudou e a mudança precisa penetrar nas empresas por meio de uma nova mentalidade administrativa que proporcione uma verdadeira oficina de ideias e novas soluções para as empresas. A criatividade e a inovação são indispensáveis nesse processo. E a maneira de inoculá-las nas pessoas e utilizar todo o seu potencial inexplorado é crucial. Tudo isso depende de administradores com Visão e Ação Estratégica. Estrategistas, e não apenas especialistas.

Idalberto Chiavenato

SUMÁRIO

Capítulo 1
ESTRATÉGIA DE EMPRESA E GESTÃO ESTRATÉGICA, 1

1.1 PLANEJAMENTO ESTRATÉGICO, 3
1.1.1 Visão e gestão, 3
1.1.2 Estratégia – equívocos que quebram as organizações, 6
1.1.3 Diagnóstico organizacional, 9
1.1.4 Acompanhamento e avaliação das metas/comitê estratégico, 12
1.1.5 Renovação em uma empresa, 14
1.1.6 Renovação contínua, 14
1.1.7 Liderança renovadora, 17
1.1.8 Educação empresarial/renovação contínua como fator de sucesso organizacional, 19
1.1.9 O emburrecimento das organizações e o pensamento estratégico, 23
1.1.10 "Desemburrecendo" e tornando inteligente a organização, 23

QUESTÕES PARA REFLEXÃO E DEBATES, 24
REFERÊNCIAS, 24

Capítulo 2
MOTIVAÇÃO DOS TALENTOS, 25

2.1 PARÂMETROS DO PLANEJAMENTO ESTRATÉGICO, 27
2.2 MISSÃO ORGANIZACIONAL, 32
2.2.1 Afinal, o que faz sua empresa?, 35

2.3 VISÃO DE FUTURO, 35
2.3.1 Como motivar os talentos para fazer parte de uma nova organização missionária e visionária?, 37

2.4 DEFINIÇÃO DE OBJETIVOS, 38
QUESTÕES PARA REFLEXÃO E DEBATES, 41
REFERÊNCIAS, 42

Capítulo 3

ESTRATÉGIAS DE TRANSFORMAÇÃO, 43

3.1 TRANSFORMAÇÕES RADICAIS SÃO ACONSELHÁVEIS?, 43

    3.1.1 Bom senso em gerência – como integrar, obter a cooperação espontânea e a sinergia da equipe, 52
    3.1.2 Ao exercer as funções de liderança, o gerente qualifica-se como um líder, 53
    3.1.3 Refletindo sobre relacionamento gerente-equipe, 53

QUESTÕES PARA REFLEXÃO E DEBATES, 63

REFERÊNCIAS, 63

Capítulo 4

LIDERANÇA, 65

4.1 EM QUE BASES VOCÊ APOIA SEU ESTILO DE LIDERANÇA?, 66

4.2 COMO TRANSFORMAR A LIDERANÇA EM UMA FERRAMENTA PESSOAL?, 69

    4.2.1 Quais são as funções do líder?, 69
    4.2.2 Os três estilos de liderança, 70
    4.2.3 Estilos de liderança orientada para as pessoas ou para as tarefas, 72
    4.2.4 Os estilos da grade gerencial (*managerial grid*), 73

4.3 TEORIAS SITUACIONAIS DE LIDERANÇA, 74

    4.3.1 A escolha de padrões de liderança, 75
    4.3.2 O caminho-meta ou a ênfase nos objetivos, 77
    4.3.3 Aplicações práticas, 79
    4.3.4 As ferramentas do líder moderno, 80

4.4 AS MUDANÇAS INDIVIDUAIS COMO BASE DAS MUDANÇAS ORGANIZACIONAIS, 81

QUESTÕES PARA REFLEXÃO E DEBATES, 83

REFERÊNCIAS, 84

Capítulo 5

FELICIDADE NA EMPRESA, 85

5.1 INSTRUMENTOS PARA IMPLEMENTAR O MODELO DE EMPRESA FELIZ, 90

5.2 FUNDAMENTOS DA EMPRESA FELIZ, 91

5.3 CICLO DE FELICIDADE NO TRABALHO – O FATOR QF, 92

    5.3.1 Ciclo de felicidade no trabalho – justificação estratégica, 96
    5.3.2 Aplicação metodológica do ciclo de felicidade no trabalho, 96

5.4 CONCLUSÃO, 100

    5.4.1 Renovação e perpetuidade, 100
    5.4.2 Em que consiste o quociente de felicidade?, 101

QUESTÕES PARA REFLEXÃO E DEBATES, 103

REFERÊNCIAS, 103

Capítulo 6
EQUIPES MULTIFUNCIONAIS, 105
6.1 AS PREOCUPAÇÕES DAS ORGANIZAÇÕES DO FUTURO, 106

6.2 CONCEITO DE EQUIPE, 107
    6.2.1 Formação e desenvolvimento de equipes, 110
    6.2.2 Organização por redes de equipes, 112

6.3 ONDE MEXER?, 114
    6.3.1 O verdadeiro sentido da mudança organizacional, 118

QUESTÕES PARA REFLEXÃO E DEBATES, 118

REFERÊNCIAS, 119

Capítulo 7
UM NOVO MILÊNIO, UMA NOVA EMPRESA, 121
1º QUADRO: IMPERIALISMO ECONÔMICO, RESULTANTE DE UM PROCESSO DE GLOBALIZAÇÃO MAL DIRECIONADO, 121

2º QUADRO: PARADOXO DA VELOCIDADE DAS TRANSFORMAÇÕES, 123

3º QUADRO: AS ORGANIZAÇÕES SEM FRONTEIRAS, 127

QUESTÕES PARA REFLEXÃO E DEBATES, 128

REFERÊNCIAS, 129

Capítulo 8
O NOVO PAPEL DAS PESSOAS NAS EMPRESAS BEM-SUCEDIDAS, 131
8.1 OS NOVOS DESAFIOS, 131

8.2 O QUE SERÁ O FUTURO?, 132

8.3 O NOVO PAPEL DAS PESSOAS, 133
    8.3.1 Como melhorar a empregabilidade, 135
    8.3.2 A disciplina das empresas líderes do mercado, 138

8.4 O NOVO PAPEL DAS EMPRESAS, 139

QUESTÕES PARA REFLEXÃO E DEBATES, 140

REFERÊNCIAS, 141

Capítulo 9
EXPANDINDO O MODELO MENTAL DAS LIDERANÇAS, 143
9.1 TRANSFORMANDO O MODELO MENTAL DAS LIDERANÇAS: OS CINCO FOCOS DA VISÃO E DA AÇÃO ESTRATÉGICA, SEGUNDO MINHA OPINIÃO, 143

ÍNDICE ALFABÉTICO, 151

1 ESTRATÉGIA DE EMPRESA E GESTÃO ESTRATÉGICA

Visão, Gestão e Estratégia – Fundamentos do Planejamento Estratégico

Francisco Gomes de Matos

A Visão Estratégica é antecipatória e proativa. Antever e não agir estrategicamente é realizar a profecia do caos, como um feiticeiro que acaba mergulhando no caldeirão fervente para provar suas teorias. Ou seja, sacrifica-se e nada acrescenta.

PARA REFLEXÃO

Visão Estratégica

Três cientistas perceberam que iria acontecer uma catástrofe e assumiram atitudes distintas:
- Não permanecer onde o evento aconteceria.
- Tentar evitar que a catástrofe ocorresse.
- Procurar observar o sinistro no local... e morrer.

Todos os três tiveram visão, mas qual deles teve a Visão Estratégica?

Desenvolver a visão, como primeiro passo para a transformação, implica capacidade de observação crítica. Significa estar focado em determinado objetivo, seja o de solucionar um problema, seja o de viabilizar oportunidades.

PARA REFLEXÃO

Oportunidades

Em uma dimensão estratégica, solucionar problemas equivale a gerar oportunidades.
- As maçãs continuavam a cair inutilmente nas cabeças da humanidade, até que uma delas caiu sobre a "caixa pensante" de Newton... e ele nos deu a Lei da Gravidade.

- Arquimedes entrou na banheira, a exemplo do que faziam milhares de seus contemporâneos para banhar-se, mas ninguém até então atentara para a relação "massa e volume deslocados", o que levou o cientista a formular a Lei da Flutuação.

Gravidade e Flutuação descortinaram um novo conhecimento, mudando os rumos da ciência.

Para mudarmos o rumo das coisas, precisamos educar a nossa visão, o que significa treinar a percepção e a análise crítica. Educar a Visão Estratégica implica transformar percepções e observações críticas em solução de problemas e geração de oportunidades. Estar focado é importante, mas é vital não se desconectar do todo. Em geral, o especialista corre o risco de estreitar a visão ao se centrar obsessiva e exclusivamente no alvo, sem contextualizá-lo.

O alvo, sem mapa referencial que visualize o complexo de influências determinantes, pode até ser atingido, mas pouco ou nada será acrescentado ao verdadeiro objetivo.

PARA REFLEXÃO

Einstein
Consta que, quando desafiado à pesquisa, Einstein se encerrava em seu gabinete de estudos, inteiramente isolado, e só se deixava interromper pelos seus dois cachorros de estimação, que, ao baterem insistentemente na porta, obrigavam-no a se levantar para lhes deixar entrar. Para evitar o repetido incômodo, Einstein abriu dois buracos na porta: um maior e outro menor, em função do tamanho dos cães.
Posteriormente, um amigo observou: por que dois buracos, se ambos os cachorros podem passar pelo maior?
O gênio não havia pensado nisso.

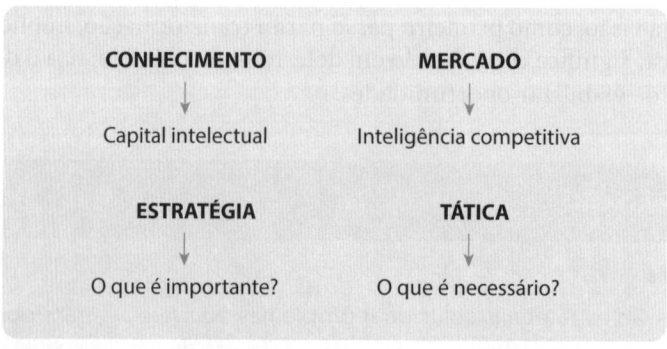

Figura 1.1 Conhecimento e mercado.

O que acidentalmente aconteceu com Einstein está acontecendo com os "gênios especialistas de mercado", à medida que se empolgam com ações táticas e não desenvolvem a Visão Estratégica.

A gestão de negócios com eficácia implica compatibilizar o conhecimento requerido (capital intelectual) com as exigências do mercado (inteligência competitiva).

Conhecimento é essência; mercado é realidade. Conhecimento sem "mercado" (aplicação) cria os "doutores do conhecimento inútil". Mercado sem conhecimento gera a "ignorância consagrada".

Conhecimento e mercado dão origem e fundamentam o Planejamento Estratégico, que implica basicamente:

Cenários – como quadro referencial.

Realidades de futuro – que definem o posicionamento esperado.

1.1 PLANEJAMENTO ESTRATÉGICO

Atualmente, há consenso quanto a importância de se ter Planejamento Estratégico, mas o essencial é ter Visão Estratégica.

1.1.1 Visão e gestão

O planejamento é instrumental. Caso não tenhamos um objetivo definido, ou seja, a visão, podemos nos perder na "floresta", da mesma forma que uma foice abrindo espaço pode gerar descaminhos e chegar a precipícios. Belíssimos planejamentos não evitam o insucesso, mas, sem planejar, o risco é bem maior.

PARA REFLEXÃO

Planejamento
Todos anseiam por planejamento.
Na desordem e no caos, não há construção.
Quem olha o mercado e imediatamente reage aos seus desafios sem examinar o que está por trás – as causas – nem o que está à frente – as tendências – pode se surpreender com um sério golpe.
Acontece diariamente, mas pouco se aprende.

Gosto de lembrar o caso do peixinho afoito – oportunista de mercado – que, ao ver a isca apetitosa e se preparar para abocanhá-la, o colega mais experiente adverte: veja antes o que está por trás.

Empresários sem visão tendem a ver a isca, mas a não enxergar o anzol. Em contrapartida, em consequência dos insucessos, sobrevém o estado de pânico, agravado por atitudes de desespero e desesperança.

> **PARA REFLEXÃO**
>
> **Agir por impulso**
> Para quem está perdido no mar, em meio a uma tempestade, qualquer porto é bem-vindo. Todavia, habitualmente, no mercado, a borrasca não está no ambiente, mas na cabeça dos amadores ambiciosos. Tumultuados pela inquietação espiritual, eles não pensam, agem. Muita estimulação, mas sem reflexão. O que vale é o impulso.

Os empresários sem visão tomam decisões sem analisar alternativas, só vislumbradas tarde demais, depois das consequências. Apelam então para o Planejamento Estratégico, como se fosse a grande cura. **Nada adianta ter estratégia sem ter Visão Estratégica, que, por sua vez, não existe sem Pensamento Estratégico**. É imprescindível que se pense coletivamente, que se demande educação empresarial e que se criem espaços e situações para uma reflexão contínua sobre as realidades organizacionais.

De repente, as empresas despertaram para a necessidade de se planejar e criaram burocratizações sofisticadas por meio de um exercício acadêmico, gerador de novas frustrações. Sem o desenvolvimento de um Pensamento Estratégico coletivo não há um planejamento confiável – e o produto disso são racionalizações teóricas, arquiváveis.

Quando muito, o Planejamento Estratégico serve para aumentar o sentimento de culpa. Há parâmetros que são descumpridos, por falta de confiança em sua fidedignidade. Na realidade, não houve envolvimento nem comprometimento, mas um "faz de conta" institucional que firma a convicção na opinião interna de que não se é uma empresa séria.

Conheci organizações que chegaram a promover o "planejamento do planejamento" e continuaram errando no estratégico, no tático e no operacional. Mas tinham seu "manual estratégico" para salvar as aparências, como rótulos e bulas que ninguém lê, por falta de credibilidade. Quem se arrisca a consultá-los mergulha em dúvidas que inibem a decisão. Então, os que se preocupam com os resultados acham melhor não os considerar, mas pagam um preço alto caso não sejam bem-sucedidos.

Nesta época de transformações rápidas, profundas e radicais, em que valores são questionados e substituídos, em que predominam inovações, precisamos frequentemente fazer pausas para reflexão, a fim de que ações com visão sejam implementadas. Visão é percepção global para se situar de modo inteligente em face da realidade.

Na arquitetura do Planejamento Estratégico empresarial estão configurados elementos essenciais que formam seu arcabouço. São eles: missão, cenários, objetivos e metas.

A **missão** é referência básica à razão de ser da empresa, seu alvo existencial, para o qual convergem todas as ações. Não é uma definição fácil, como pode parecer em um exame menos apurado. Muitos equívocos e erros estratégicos são cometidos pelo fato de não enfocarem o âmbito de atuação da empresa. A missão da empresa não é uma decisão inabalável; razões de mercado podem indicar revisões nas macrodiretrizes organizacionais, justificando reformulações nos rumos da empresa. Daí a importância de estar atento às transformações conjunturais que ganham dimensões planetárias, em um mercado que se globaliza rapidamente.

Os **cenários** são um exercício situacional que enquadra tendências, ameaças e oportunidades. "Onde estamos?", "Para onde sopram os ventos?", "Quais são os riscos?" e "Quais perspectivas se abrem para a ação?". Sem respostas a essas questões, não há Planejamento Estratégico confiável.

Os **objetivos** são a descrição clara, precisa e sucinta dos alvos a serem atingidos, isto é, os indicadores das ações para se chegar aos resultados. Sem objetivos consistentes, conhecidos e reconhecidos por consenso, haverá divergência de rumo em matérias essenciais e não haverá integração nem coesão das equipes. Os objetivos podem ter abrangência geral, envolvendo os alvos macros e setoriais. Objetivos são intenções que devem gerar comprometimentos concretos.

As **metas**, por sua vez, são um objetivo quantificado. Todo objetivo deve ser complementado por elas.

Meta envolve comprometimento com:

Percentual a ser atingido

- Definição do percentual pretendido em função do objetivo.

Prazo

- Destaque ao cronograma de execução, com data-limite.

Resultados

- Previsão de ganhos.

Custos

- Orçamento dos empenhos necessários para a consecução das metas: financeiros, administrativos, tecnológicos e humanos, entre outros.

Responsáveis

- Definição do titular principal e relação de pessoas e órgãos corresponsabilizados no alcance da meta.

Desse modo, são condições para a eficácia do Planejamento Estratégico:

- Definir a missão da empresa, identificando suas grandes áreas de atuação.
- Desenhar cenários com indicadores sobre tendências, ameaças e oportunidades.
- Formular os objetivos organizacionais para atender à missão.
- Estabelecer metas, em função de cada objetivo.
- Acompanhar e avaliar o cumprimento das metas.

- Promover as correções necessárias.
- Replanejar, revivendo o mesmo ciclo.

Ao refletir sobre a missão da empresa, é imprescindível a identificação de seu público-alvo, ou seja, seus *stakeholders*:

- **Clientes**: quem são e quais são suas expectativas e exigências – qualidade, preço, variedade, distribuição, comodidade etc.
- **Governo**: política econômica, fiscal, linhas de crédito etc.
- **Acionistas**: participação no capital e nos resultados.
- **Fornecedores**: atuais e fontes alternativas.
- **Parceiros**: alianças estratégicas.
- **Concorrentes**: nível de competitividade e possíveis articulações cooperativas.
- **Sindicatos**: níveis de pressão, expectativas de negociações e acordos.
- **Comunidade**: investimento em imagem e prestígio institucional; qualidade em responder às necessidades sociais.
- **Colaboradores**: determinação da qualidade, capacitação necessária e níveis de exigência e satisfação.

1.1.2 Estratégia – equívocos que quebram as organizações

A regra básica de estratégia resume-se a duas diretrizes: **diminuir ou eliminar os inimigos e aumentar os aliados**. Em outras palavras, reduzir as dependências e aumentar o poder. Entende-se por inimigos todos os fatores negativos e as situações de risco. Um terrível inimigo invisível é o desperdício. Sua incidência nos custos atinge cifras impressionantes, só percebidas quando a competitividade aperta, pondo em risco os negócios. Nesse momento, avalia-se o rombo, mas este condicionou de tal modo o sistema que sua erradicação se torna quase inviável. Daí por que os "reengenheiros" propõem "destruir tudo" e recomeçar. Só que, frequentemente, o remédio acaba sendo pior que a doença.

Ação preventiva com reeducação, comprometimento das pessoas da equipe na pesquisa e reformulação dos procedimentos é ainda o processo mais eficaz.

Por seu turno, **aliados** são todas as forças agregadas como valor na melhoria da qualidade. Parcerias, acordos, negociações harmoniosas, tecnologias adequadas e clientes satisfeitos são aliados inestimáveis.

Outra regra essencial de estratégia é **estar focado no objetivo principal**. Diversificar pode ser uma diretriz estratégica de grande alcance e eficácia, pois é arriscado manter "todos os ovos no mesmo cesto". Quando não se prioriza a essência do negócio, o risco palpável é dispersão, referenciais confusos, perda de direcionamento e colapso total.

Algumas distorções habituais são características de falta de percepção estratégica das organizações:

1. **Confundir Planejamento Estratégico com programação**: por falta de Visão Estratégica, é comum diretores e gerentes desenharem programas – por vezes, até sofisticados – e os denominarem Planejamento Estratégico. Contudo, não passam de orientações reativas que, quase sempre, desfocam a realidade por falta de modelo e de instrumentos adequados. A estratégia deve ser capaz de responder a três indagações fundamentais: onde estamos (situação), para onde sopram os ventos (tendências) e para onde queremos ir. Importa em diagnóstico – erros e acertos – e visão – oportunidades e ameaças. Daí resultam cenários e alternativas que orientarão o desenho da estratégia, com suas táticas e programações.

2. **Dizer "nós somos os melhores" e não conhecer a concorrência**: como é frequente esse desvario, chega a ser um procedimento paranoico. Muitas vezes, significa a manifestação narcisista dos dirigentes que se transforma em um mito aceito na organização, até que o concorrente prove o contrário inapelavelmente (coisa que vinha acontecendo e não se percebia). Em uma empresa – que era a primeira do setor –, os diretores afirmavam continuamente, com falsa humildade: "Nosso problema é que somos absolutos no mercado". Ninguém percebeu a concorrência se avolumando. Quando viram, era tarde demais.

3. **Permitir práticas contraditórias**: por inércia organizacional, cada um que detém poder desenvolve ações sem critério de coerência, sequer com uma filosofia básica e uma estratégia definida. Evidente estar aí a causa da maioria dos conflitos e fracassos.

4. **Falta de informações confiáveis**: há aqui um paradoxo – empresas altamente informatizadas, excesso de dados, sem a compreensão necessária para as informações relevantes. Na hora de decidir, os executivos não sabem onde buscar a informação ou não confiam nas fontes pesquisadas. Fica sempre a dúvida que provoca inibições ou equívocos ao agir.

5. **Treinamento sem fundamentação nem acompanhamento**: somas vultosas e muito tempo perdido em programações de treinamento sem objetividade. São um amontoado de cursos avulsos, "considerados importantes", mas cuja importância nem a administração nem os treinandos são capazes de avaliar, em termos de resultados. Transformam-se em uma "benfeitoria". Quando são questionados, dizem: "Mal não faz". Aí outro erro: fazem mal, sim! Frustram-se expectativas, geram custo perdido, oneram o tempo útil. Conteúdos e técnicas, sem uma fundamentação básica que os justifiquem, tornam-se abordagens simplistas, sem a credibilidade necessária para provocar mudanças. Quando não há acompanhamento, sua perda é total.

6. **Reuniões sem conclusões nem retorno**: é uma tragédia nas organizações "modernas": todo mundo está permanentemente em reuniões, como consequência da insegurança em tomar decisões. Racionaliza-se com "participação", "equipe" e "consenso", mas faltam espírito, competência e estratégia. Reuniões sem conclusões e sem retorno aos participantes sobre as consequências – aplicação e resultados – tendem a ser pura perda de tempo e de credibilidade.

7. **Urgências urgentíssimas**: é a síndrome da falta de estratégia e planejamento: as situações tornam-se críticas, exigindo tratamento imediato e exclusivo. Em muitos momentos,

toda a empresa para. O pior é que ninguém tem condições de contabilizar o prejuízo decorrente. O uso continuado dessa prática a torna "normal".

8. **Falso conceito de oportunidade e de espírito empreendedor**: confunde-se visão e estratégia de oportunidade com voracidade: não deixar escapar nada que possa significar "negócio lucrativo". Tal obsessão é equivocadamente identificada como "espírito empreendedor", mas não passa de **aventureirismo**. Na ânsia de abarcar tudo, desvia-se o foco do objetivo empresarial para os "negócios de ocasião". Muita energia despendida, ganhos secundários, custos não percebidos e perda total. Nesse "buraco negro" mergulham pequenas, médias e grandes empresas. A história está aí, comprovável a toda hora.

9. **Empresa centrada no produto, não enxergando oportunidades**: ao contrário da diversificação planejada, erra-se com a obsessiva concentração em um único produto que foi sucesso, não percebendo seu processo de obsolescência e perda de competitividade. O produto foi muito bom, mas atende às necessidades de mercado? Pergunta imprescindível para que se promovam inovações, readaptações e substituições a tempo certo.

10. **Guerra de preços, sacrificando a qualidade**: o mercado, de modo geral, cada vez mais se guia por preços com qualidade. No entanto, comete-se frequentemente o erro de privilegiar o preço em detrimento da qualidade. Conclusão: quebra-se ao seguir o rumo dos aventureiros e oportunistas, um pouco antes deles. Por não terem o custo organizacional de quem tem um mínimo de preocupação com a qualidade, estes quebram depois.

11. **Fatores internos negativos, passando a ideia de empresa derrotada**: promover enxugamentos organizacionais sem estratégia, alterar regras e executar demissões sem critérios claramente enunciados são algumas das práticas reveladoras de falta de percepção estratégica e de despreparo para liderar equipes. Demonstra, outrossim, a despreocupação com a cultura e o clima organizacionais, acreditando-se que a "voz do trono" – o discurso demagógico na empresa – é poderosa para persuadir, quando necessário. Subestimam-se a inteligência crítica das pessoas e a importância da motivação para a produtividade. Não deveria ser surpresa não haver respostas criativas e solidárias na hora das crises. **Quando não há envolvimento, não há motivação**. O profissional frustrado não encontra forças para superar ressentimentos e para se engajar. De repente, o clima na organização é de "derrota" e as atividades, por inércia, desenvolvem-se dentro do estritamente exigido, sem imaginação e sem entusiasmo.

12. **Inovar quando não estão claros os objetivos de mudança**: os modismos e a absorção da tecnologia sem conscientização de sua real utilidade e capacitação para implementá-la traduzem o espírito reativo-imediatista dentro do desgaste do artifício de "salvar as aparências" para "ludibriar" o cliente. A atitude é "veja como somos modernos", mas a prática revela péssima educação no trato com o público. Essa dissonância entre o anunciado e a realidade evidencia a falta de visão e de rumo, denunciando o despreparo para situações de desenvolvimento.

Esses fatores negativos não esgotam o elenco de indicadores de miopia estratégica, mas valem como reflexão para um diagnóstico organizacional.

1.1.3 Diagnóstico organizacional

Planejamento não é fruto de uma ou de poucas cabeças. Significa rigorosamente um pensar e um agir coletivo para passar credibilidade e gerar comprometimento.

O primeiro passo é fazer um diagnóstico da situação da empresa, implicando ampla sondagem, envolvendo o sistema gerencial, predominantemente. Em uma fase inicial, podem ser usados vários instrumentos de pesquisa (em nosso livro *Estratégia de empresa*, indicamos uma sistemática de balanço situacional e um mapa para formulação de estratégia).

Recentemente, usamos um modelo simplificado de consulta, descrito a seguir, para levantamento de dados e discussão sobre a situação geral de uma empresa líder em seu segmento.

1. Reflexões prévias à elaboração do Planejamento Estratégico
   - Situação atual:
     - Qual é a situação atual da empresa?
     - O que perdeu?
     - O que ganhou?
     - Como vem se comportando o mercado?
   - Situação futura:
     - Quais as ameaças à empresa prenunciadas para o futuro próximo e distante?
     - Quais as estratégias para neutralizar as ameaças?
     - Quais as estratégias para otimizar as oportunidades da empresa?
   - Áreas essenciais:
     - Onde acertamos?
     - Onde erramos?
   - Pessoas: o que fazer para a melhoria do quadro funcional?
   - Tecnologia: como melhorar nossos recursos?
   - Marketing: como reestruturá-lo?
     - Como dinamizar nossa presença no mercado?
     - Como exercitar o marketing preventivo, atuante, corretivo, proativo?
   - Alianças estratégicas
     - Devemos procurar sinergia por meio de parcerias? Quais?
     - Devemos buscar coprodução em eventos?
     - Devemos terceirizar serviços? Quais?
   - Novos negócios
     - Em função das tendências, que áreas são prioritárias para se investir?
     - Que negócios potenciais se mostram promissores e devem ser estudados?
   - Pergunta central: em síntese, como vejo a empresa atualmente e no futuro?
2. Exercício para elaboração do Planejamento Estratégico

Com os elementos prévios da análise, aprofunda-se o estudo de situação por meio de três instrumentos:

1. Análise do ambiente externo.
2. Análise do ambiente interno.
3. Forças e fraquezas da atuação global.

Quadro 1.1 Análise do ambiente externo

Cenário referência	Ameaça (situação existente)	Oportunidades (situação desejável)
1. Globalização do mercado/velocidade das mudanças		
2. Instabilidade econômica		
3. Inovações mercadológicas		
4. Concorrência pela qualidade		
5. Cliente exigente		
6. Privatização		
7. Influência governamental		
8. Influência sindical		
9. Domínio pelo conhecimento/informação		
10. Comunidade		

Quadro 1.2 Análise do ambiente interno

Categorias	Ameaça (situação existente)	Oportunidades (situação desejável)
1. Fidelidade à filosofia empresarial		
2. Foco no cliente		
3. Parceria/terceirização		
4. Estrutura organizacional (simples, enxuta?)		
5. Flexibilidade/descentralização/delegação		
6. Informação/comunicação		
7. Velocidade nas decisões		
8. Valorização humana e profissional		
9. Tecnologia		
10. Custos		

ONDE ESTAMOS?

Produção
- Quais são os nossos produtos?
- Que produtos serão introduzidos?
- Quais são os objetivos e metas?
- Quais dificuldades separar?

O mercado
- Quem são os nossos clientes?
- Quais são os clientes potenciais?
- Qual é o nível de satisfação dos nossos clientes?
- Quais são os concorrentes e as dificuldades principais?

Tecnologia
- Quais são os recursos organizacionais/tecnológicos/gerenciais disponíveis?
- Quais são os recursos que temos condições de melhorar/adquirir?

Valores humanos
- Qual é a qualidade de nossos talentos e quais são as principais deficiências?
- Quais são as políticas de valorização humana, qualidades e deficiências?

Comunidade
- Qual a nossa percepção sobre a imagem da empresa no mercado?
- Que tipo de público atingimos com ações não comerciais?

VISÃO ESTRATÉGICA: PARA ONDE QUEREMOS IR?

Cenários/tendências
- Quais são as tendências e as ameaças relevantes?
- Quais são os avanços científicos que poderão influir em nosso negócio?
- Como está agindo a concorrência?
- Quais são as condições para a tomada de decisões estratégicas e quais os prós e os contras de cada um?

VISÃO EMPRESARIAL: PARA ONDE DEVEMOS IR?

Decisões estratégicas (estratégia de empresa)
- Quais as decisões estratégicas a atingir no curto, médio e longo prazos?
- Como garantir a qualidade total (empresarial) com:
  - Melhoria nos sistemas de produção e lançamento de novos produtos?
  - Melhoria no atendimento ao mercado e conquista de novos núcleos de negócios?
  - Melhoria nos sistemas organizacional/tecnológico/gerencial/valores humanos, e que inovações introduzir?
  - Melhoria no relacionamento com os vários públicos de interesse, e como reforçar a imagem institucional?

Figura 1.2 Reflexão estratégica: qual é o nosso negócio?

Quadro 1.3 Forças e fraquezas da atuação global

Categorias	Fraquezas	Forças	Situação desejável
1. Imagem			
2. Qualidade total			
3. Produtividade			

(continua)

(continuação)

Categorias	Fraquezas	Forças	Situação desejável
4. Estrutura organizacional			
5. Estilo gerencial			
6. Relacionamentos com públicos relevantes			
7. Liberdade de expressão/criatividade			
8. Delegação			
9. Divulgação institucional (imagem pública)			
10. Qualificação profissional			
11. Recursos financeiros			
12. Fontes de matéria-prima (fornecedores)			
13. Custos			

1.1.4 Acompanhamento e avaliação das metas/comitê estratégico

A condição fundamental para o êxito do Planejamento Estratégico é o acompanhamento e a assistência aos responsáveis pela execução das metas e a avaliação dos resultados por parte da administração superior.

Nesse sentido, indica-se como elemento importante de gestão do processo a constituição de um Comitê Estratégico, com a participação recomendável da própria Presidência da empresa. O Comitê reúne-se periodicamente para verificação de sucessos, entraves e dificuldades, indicando os meios adequados à eficácia.

O processo de análise compreende, basicamente, os elementos apresentados na Figura 1.3.

Planejamento estratégico – avaliação/período:

Metas | Responsáveis | Prazos | Atingimento | Custo estimado | Custo realizado | Entraves | Resultado | Receita

Comentários críticos:

Figura 1.3 O processo de análise.

O Planejamento Estratégico tem o mérito de evidenciar a qualidade da organização, contribuindo para desvendar o enigma do caos organizacional tão frequente: a empresa que está desarrumada desarruma a cabeça dos dirigentes ou é a cabeça desarrumada dos dirigentes que desarruma a empresa?

Outro ponto vital a ser considerado é que uma estratégia, ao ser realizada, deixa de ser estratégia.

Mudam as situações, mudam as estratégias, necessariamente.

O imobilismo gerencial tende a transformar estratégias em "argumento demagógico", e não em efetivo instrumento de orientação e de ação operacional.

O Planejamento Estratégico muda a maneira e o estilo de operar a empresa.

Ao trabalhar com objetivos e metas, indica-se o rumo e instrumentaliza-se a caminhada, com indicadores que viabilizam apurações e correções imediatas.

> Um Planejamento Estratégico que não produz efeitos transformadores imediatos não é estratégico.

Com metas quantificadas, a radiografia dos sucessos e insucessos é visível na análise, proporcionando perfeita visão crítica sobre a realidade empresarial.

A formação de equipes interdisciplinares, autônomas, sem complicadores burocráticos e hierarquizações comprometedoras à eficácia, é um ganho organizacional do Planejamento Estratégico.

Cada meta tem seu titular responsável e os corresponsáveis envolvidos em seu cumprimento, oriundos de outras estruturas departamentais. Então, cada meta forma uma equipe autogerenciada, comprometida com resultados.

Trabalhar essa situação, com um programa inteligente de educação de líderes, faz mudar a dinâmica organizacional. Cria-se o pensar coletivo e o que consideramos ser a empresa do futuro.

Só permanece no mercado quem tem utilidade comprovada e se renova continuamente. Isso é válido tanto para um produto quanto para a empresa como um todo. O zelo pela imagem pública da organização é ponto fundamental de estratégia. A empresa tem de ser boa, como princípio de ação, sem o qual o êxito é apenas uma aventura que pode durar algum tempo, mas que não irá se perpetuar.

Toda estratégia visa a qualidade. Não há qualidade sem estratégia.

A qualidade não surge por acaso; demanda filosofia empresarial, políticas e estratégias operacionais. Em nossa concepção, a filosofia, a política e as estratégias operacionais compõem, em uma visão macro, a Estratégia de Empresa.

Estratégias, todas as empresas têm; estratégia de empresa, poucas possuem.

Esse é o tema básico de nosso livro *Estratégia de empresa*, em que procuramos evidenciar a diferença entre ser empresa, com todos os seus comprometimentos, na linha da qualidade institucional, ou ser um escritório comercial, desenvolvendo meramente estratégias competitivas, de lucratividade imediata e fugaz.

Nossa diretriz maior, no sentido de um Planejamento Estratégico, implica pessoas em renovação em uma empresa em renovação contínua.

Nesse sentido, é fundamental que sejam considerados conceitos como os abordados a seguir.

1.1.5 Renovação em uma empresa

A renovação em uma empresa depende de vários fatores envolvidos:

1. **Cultura organizacional**: crenças e valores, tradição e costumes são referências essenciais a qualquer esforço de renovação. Desconhecê-las é pôr em risco a própria sobrevivência. A cultura é o fundamento da Filosofia Empresarial.
2. **Clima organizacional**: a qualidade da ambiência interna e os fatores motivacionais, considerados os valores da cultura e as necessidades e os interesses individuais, condicionam o nível de aprendizagem no trabalho e a produtividade.
3. **Filosofia de empresa**: a explicitação dos princípios éticos e a definição de macro-objetivos compartilhados configuram as verdades comuns, que são os motivadores essenciais para a integração e a sinergia, a fim de transformar objetivos e metas em resultados.
4. **Políticas empresariais**: orientações aceitas por gestão participativa levam a um mesmo querer (consistência interna).
5. **Estratégias empresariais**: são planejamentos para a ação, com o mapa de atuação no mercado, correlacionado com as multivariáveis situacionais, levando a um mesmo agir (coerência externa).
6. **Liderança Integrada**: a integração é condição fundamental para as lideranças, sinergizadas pelas mesmas verdades. As lideranças integram-se por ideias, não por tecnologias. Não há sucesso sem liderança, não há liderança efetiva sem que haja líderes integrados e coesos em torno de objetivos comuns.
7. **Gerente educador/líder**: o gerente é um educador (formador de equipes). Sua missão é liderar (exercer as funções típicas de um líder). Uma empresa consolida-se pela ação pedagógica multiplicadora de suas lideranças, pois os gerentes são o canal vivo de comunicação na organização.
8. **Comunidade vivencial de aprendizagem**: a empresa é uma escola de trabalho e de liderança por excelência. Nela todos ensinam e todos aprendem, com o exercício da decisão. Essa convicção torna-se realidade por uma clara estratégia de empresa e de educação empresarial contínua.

O "espírito de aprendiz" é imprescindível ao homem na "sociedade do conhecimento", na qual o impacto ininterrupto do novo transforma a organização em uma comunidade vivencial de aprendizagem.

1.1.6 Renovação contínua

Em uma sociedade em transformação cultural e tecnológica acelerada e incessante, a renovação contínua é a segurança única à perpetuidade. A partir daí realiza-se o ideal da empresa feliz. Distorções nesses conceitos levam a visões equívocas sobre aspectos essenciais à qualidade institucional:

1. **Empresa profissionalizada**: confunde-se empresa profissionalizada (aquela que integra lideranças por uma filosofia básica e estratégias comuns) com "empresa de profissionais" (líderes individualizados, em competição predatória).

2. **Empresa descentralizada**: confunde-se descentralização com o exercício de um modelo de "descentralizar responsabilidades", sem delegar autoridade.
3. **Empresa moderna**: confunde-se modernidade com instalações, "marketing de imagem" e tecnologias avançadas, sem a atitude de renovação nem o conhecimento para perceber e processar o novo desejável.
4. **Empresa humana**: confunde-se retórica com políticas efetivas de valorização humana. Ocorre uma "gestão participativa", sem participação, pois participação envolve mais do que métodos e técnicas. Implica cultura de participação.
5. **Liderança**: confunde-se liderança com gerentes que fingem gerenciar e com pessoas que fingem ser gerenciadas. Há uma contradição na ênfase teórica à equipe e na prática organizacional centrada na valorização dos desempenhos individuais.

A prevenção e a correção dessas distorções, comuns à nossa realidade organizacional, dependem de uma sólida e clara **estratégia de empresa**.

Nossos dirigentes, tanto nas organizações empresariais quanto no país, geralmente não têm estratégias consistentemente formuladas.

As composições do poder não são realizadas com base nos compromissos com verdades comuns, pois estas não são claramente explicitadas nem negociadas para convergirem ao mesmo objetivo.

O pluralismo, que é democrático, não significa confundir negociação com barganha. O jogo de interesses personalísticos desagrega as lideranças, gerando a síndrome: vários governos, nenhum governo, várias diretorias, nenhuma diretoria, várias "empresas", nenhuma empresa verdadeira.

Em geral, dá-se ênfase a estruturas e reestruturações para corrigir distorções, quando o que está falhando é o sistema de poder. Falta liderança integrada. Não se renova a cultura, nem se explicita a filosofia de Administração.

Sem que haja intervenções na cultura organizacional para descondicionar comportamentos inadequados, a partir da mudança de atitudes, todos os esforços de reestruturação serão, afinal, infrutíferos. As várias maneiras arcaicas de pensar fazem com que persistam os estímulos a condutas ineficientes. Propostas novas com cabeça velha não rejuvenescem ninguém. Trabalhar a mente organizacional significa renovar a cultura por meio de uma consistente pedagogia empresarial. Fazem parte dela o diagnóstico permanente e a contínua revisão de estratégias. O gerente, atualmente, precisa ser treinado para ser um diagnosticador e um agente estratégico. Ele deve conhecer a realidade mutável e aplicar, de forma versátil e inovadora, esse conhecimento. A mudança é um dado constante, irresistível e desafiador. Um dos personagens de Bertold Brecht afirmava: "é preciso transformar o mundo, depois, é preciso transformar o mundo transformado". Nesse pensamento está a essência da renovação contínua.

O diagnóstico organizacional é imprescindível para a formulação do Planejamento Estratégico, mas é necessário prevenir-se quanto ao risco de se estar elaborando relatórios do óbvio, que não contribuem para mudar nada.

É preciso aprofundar os problemas, ir às causas para erradicá-las. Não se deve fazer como o macaco da fábula, que tinha todas as respostas, mas não sabia mais qual era o problema. Sem análise crítica, não há estratégia. Atira-se a esmo, acerta-se por acaso e se desperdiça muita munição. Quando os objetivos não estão claros, há muito conflito e queima inútil de energia. Esforços que deveriam convergir "sinergicamente" para metas comuns dispersam-se e a empresa perde poder e presença significativa no mercado, por fragilidade competitiva.

Realizam-se paradoxos:

- Trabalha-se uma imagem fabricada pelo marketing, na mídia, que é destruída pelo mau atendimento.

- Aposta-se na qualidade do produto, sem se preocupar com a qualidade da organização, que dará sustentação a ele.

Qualidade não é só um diferencial competitivo, é condição essencial.

Ray Kroc desenvolveu uma filosofia de empresa no McDonald's para que se pudesse "enxergar beleza em um pão de hambúrguer". Isso significa ter visão.

O Planejamento Estratégico educa a percepção para as oportunidades. A respeito disso, ocorreu-me uma anedota, apresentada a seguir.

PARA REFLEXÃO

Percepção de oportunidades

Um fabricante de sapatos enviou dois técnicos a uma cidade onde o consumo de calçados era zero, para estudar o potencial de mercado.
Recebeu como resposta:
1º relatório: Impossível, ninguém usa sapatos nessa cidade.
2º relatório: Excelente oportunidade. Deve-se empreender campanha motivacional para estimular o uso do sapato.

Estratégia apoia-se em Filosofia. Existe um fenômeno curioso: à medida que a empresa se aproxima do alcance de uma meta, a insegurança em atingi-la aumenta. Por isso, metas extremamente ambiciosas tornam-se inibidoras. É imprescindível que a formulação de metas seja negociada com seus executores. Metas impostas correm o risco de não se viabilizarem. Elas devem ser exequíveis, encaradas como desafio e objeto de recompensa.

PARA REFLEXÃO

Pensar estrategicamente

Educar a pensar estrategicamente deve ser a primeira providência de uma estratégia de empresa.

> Reflita um pouco sobre o paradoxo de Zenão, a seguir:
> Uma seta, para chegar ao seu destino, tem de percorrer a metade do caminho. Chegando lá, tem de percorrer a metade da metade e, mesmo quando a um milímetro do destino, percorrer meio milímetro e assim por diante. Teoricamente, nunca chega. Porém, na **prática, chega e estraçalha o alvo**, e com uma rapidez incrível.

É preciso distinguir a teoria válida de sofismas e disfarces. Einstein, por exemplo, falava sobre a boa e a má teoria, e dizia não haver nada mais prático do que uma sólida teoria de sustentação.

Nem sempre é fácil separar o joio do trigo. Separar a boa da má teoria é imprescindível, pois a má está sempre alardeada pela mídia, criando ora o impossível, ora o "possível miraculoso", por meio de continuados modismos frustrantes.

Através da História vê-se que, com suas "teorias", muitos intelectuais significaram obstáculos ao avanço científico e tecnológico! E é assim que a "má teoria" funciona como mecanismo inibidor do progresso, criando para os empreendedores o preconceito de que a "teoria, na prática, é diferente". Não é! A má teoria gera o erro, e o acerto não se realiza plenamente sem uma boa teoria.

A teoria oferece o modelo, que é uma redução conceitual aplicável a situações concretas. Sem modelo, cai-se no custoso método de "ensaio e erro", de muito uso e desastrosos resultados.

Em suma, sem uma Teoria de Empresa, com Visão Estratégica e Planejamento não se cria um empreendimento duradouro.

A estratégia compreende:

- Definição clara de uma filosofia básica:
  - As verdades comuns que integram as pessoas e geram comprometimento com os objetivos.
- Formulação de políticas nas áreas-chave:
  - Estabelecimento das diretrizes que irão nortear os negócios.
- Plano estratégico:
  - Conjunto de ações para atingir objetivos e metas negociadas.

O exercício da estratégia exige lideranças renovadoras.

1.1.7 Liderança renovadora

Em tempos de mudança, a liderança estratégica deve ser necessariamente renovadora.

A empresa, como instituição de mercado, precisa ser dinâmica. No entanto, a empresa é uma realidade organizacional, e as organizações são "burras", na medida em que não foram construídas para pensar. Sua destinação circunscreve-se a normas, regras, paradigmas, objetivos e metas predeterminados, que irão condicionar ao agir e ao "não pensar".

A cultura organizacional torna-se cerceadora. Sem uma cultura de inteligência que, a partir de valores autênticos, questione criticamente atitudes, estilos de gestão, objetivos e procedimentos, corre-se o risco da acomodação.

Com a organização rotinizada, a empresa torna-se reativa. Os desafios conjunturais batem no condicionamento de seu modo convencional de ser, imobilista, com a aparência enganosa do ativismo irrefletido, tido como **empreendedor**. Nesse contexto, o "empreendedor" seria o iconoclasta, quebrador de regras. Só que, sem que haja consciência transformadora, paga-se o preço da culpa. Se deu certo, é herói; se errou, por ferir as regras, vai para o pelourinho. As organizações tornam-se crematórios de valores. "Rolam cabeças", sem que haja reflexão e concepções e políticas sejam revistas.

Convive-se, atualmente, com uma contradição não conscientizada: uma organização puxando para baixo, com a administração querendo alavancar resultados.

> Muita agitação, pouco movimento, como um motor girando no vazio: é o desgaste proveniente do conflito de poderes nas organizações.

É preciso administrar a cultura organizacional para tornar a organização inteligente.

A inteligência provém de lideranças integradas por verdades comuns. Ou seja, lideranças comprometidas com o pensar estratégico, sem o qual não há renovação.

O hábito de pensar estrategicamente deve permear toda a organização, sem que seja privilégio de uma elite. Em rigor, pensar é pensar estrategicamente. É a capacidade de ver o todo, na decisão sobre detalhes.

A visão global é exigida atualmente em qualquer decisão, por mais "municipal" que seja.

PARA REFLEXÃO

Bilac
Consta que perguntaram ao poeta Olavo Bilac sobre sua opinião quanto às poesias de determinado literato. Disse o príncipe dos poetas: "Existe o poeta universal, nacional, estadual e municipal. Este é um poeta municipal".

Viver, hoje, é um desafio planetário; exige visão, sem a qual não há existência inteligente nas organizações.

O líder renovador, exigido pela nova empresa, necessita reunir em seu perfil:

1. **Visão planetária/estratégica**: deter o conhecimento do mundo para contextualizar empresa, empresário, executivo ou faxineiro com a realidade em transformação. Ninguém consegue viver com perspectivas sem a capacidade de ver além do imediato.
2. **Capacidade integradora**: atitude e competência em compor-se em equipe, em buscar adesões, em praticar a negociação, o consenso e o acordo.

3. **Sinergia de equipes**: buscar resultados pela energia coletiva é o princípio de sucesso em liderança renovadora. Equipes integradas superam dificuldades. Nisto reside o sucesso das ações em mutirão: há solidariedade pelo querer coletivo.
4. **Foco no cliente**: a liderança é uma função ligada. Seu objetivo relevante é o cliente de sua ação. Para atendê-lo, deve considerar a escala intermediária de clientes, sem os quais não se completa eficazmente o processo. Assim, subalternos, superiores hierárquicos e colegas são clientes que, atendidos em suas dimensões, viabilizam a eficácia em servir o cliente da empresa.
5. **Gestão educadora**: o líder é um formador de equipes, e sua missão é desenvolver pessoas para objetivos e resultados. Como tal, é um educador.

A função de uma liderança renovadora é, por meio da educação, desenvolver líderes e transformar as organizações.

1.1.8 Educação empresarial/renovação contínua como fator de sucesso organizacional

O sucesso organizacional não se dá por intuição, superstição – sorte e azar – ou passe de mágica. Esses são três mitos que parecem povoar a mente inconsciente de muitos empresários, que agem muito mais movidos pelo instinto e pelo oportunismo do que pelo conhecimento e por ações planejadas. Se o mercado está favorável, tende-se a crer que o êxito circunstancial irá se perpetuar. Muitas vezes, duram mais do que seria imaginável. O erro de muitos, paradoxalmente, sustenta pequenos sucessos, que se esvaem ao longo do tempo por falta de sustentação.

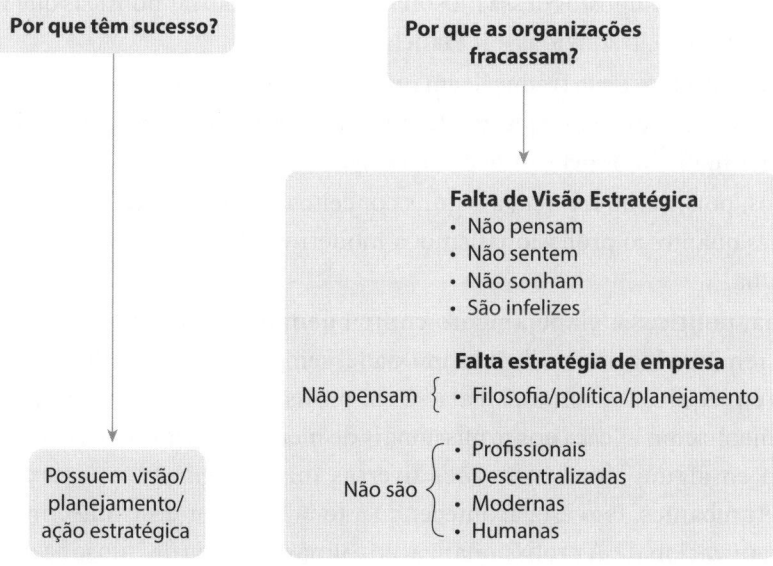

Figura 1.4 Por que as organizações têm sucesso ou fracassam?

Dos aspectos citados, a **intuição** é o mais contraditório, pois, em tese, é uma condição positiva, como percepção do que se avizinha como oportunidade. Mas a intuição é **ave rara**, já que é pouco cultivada e mal explorada.

Em uma época saturada pelo bombardeio informacional, com o aumento das complexidades, pelo avanço da tecnologia e da inovação, é difícil conservar e desenvolver a intuição, que, como a criatividade, exige quietude de espírito. Parar para pensar as novas realidades é exigência fundamental. Dar vazão ao sentir tendo como foco as situações humanas e buscar relacionamentos afetivos duradouros é outra condição essencial. Finalmente, sonhar com o futuro e desenvolver um projeto pessoal que garanta a felicidade é razão de vida.

> Por que as organizações fracassam? Por que têm sucesso?

Sem que se vivam essas "realidades", em plenitude, ser intuitivo é quase um milagre.

Intuição, sem conhecimento, é um perigo. Dá certo uma vez, cria a ilusão da sorte e conduz a erros fatais. Que o digam muitíssimos empresários "intuitivos" que deram certo, até que tudo deu errado por faltar conhecimento e estratégia.

As organizações fracassam por falta de uma filosofia básica que fundamente a "razão de viver" da empresa. São as verdades organizacionais, os valores internalizados e expressos, os grandes indicadores da ação. A genuína integração processa-se por meio de ideias e sentimentos compartilhados, que formam o consenso sobre verdades comuns. Não nos cansamos de repetir isso, por ser fundamental.

É a partir dos pressupostos dessa filosofia que se formulam as políticas que vão orientar as estratégias de ação, traduzidas em Planejamento.

Um pensar coletivo e sua tradução em unidade de comando e ação. É isso que vai gerar comprometimento, muito mais importante que envolvimento, que tem habitualmente conotação manipuladora, pelo autoritarismo que sugere.

Voltemos, pois, como reforço, a alguns conceitos anteriormente mencionados acerca de distorções quanto ao profissionalismo, à modernidade, à descentralização e à valorização humana.

Filosofia, políticas e planejamento contribuem para uma cultura organizacional renovada e renovável, garantia de continuidade, sem as quais conceitos importantes são distorcidos em equívocos comuns. Fala-se em profissionalizar a empresa, identificando tal procedimento com a "caça aos profissionais de mercado", gênios, heróis e mártires que deram certo, em algum canto, por razões diversas, mas que, em outro contexto, tornam-se fracassos retumbantes. Isso está acontecendo a toda hora por desconhecimento do valor "cultura organizacional". A profissionalização é uma exigência da "filosofia da casa". Surge como consequência da avaliação da cultura e das necessidades do desenvolvimento empresarial. Pressupõe uma estratégia de adaptação dinâmica, aberta e inovadora, e não uma simples admissão de talentos. Competência não se improvisa nem se traduz por simples conhecimento. Competente para quê? É a pergunta básica, seguida do: competente como?

Outro conceito distorcido é o da descentralização, que só se efetiva com delegação de autoridade. Para muitos, fazer crescer a organização não significa descentralizar, mais frequentemente, caracteriza-se como fenômeno de obesidade estrutural. Incha-se a organização, tirando-lhe a flexibilidade, ao agigantar-se a concentração de poder, mesmo com o crescimento da estrutura.

A modernidade é outro mito, correlacionado com a aquisição da tecnologia mais apurada, as vistosas instalações e a imagem fabricada pela publicidade. O vazio cultural acaba minando e destruindo as ilusões.

Finalmente, erra-se ao preterir o humano em favor do homem manipulado e descartável. Administra-se comumente o "recurso" humano, não o ser humano. Não pode dar certo.

Arma-se a estratégia mercadológica, estruturam-se os sistemas e peca-se no atendimento ao cliente. Não é a máquina que fala com o cliente, mesmo em serviços automatizados, mas o homem. A relação humana exige sentimento entendendo-se com sentimento. A tecnologia é incapaz de sentir (muitos ainda não se aperceberam disso, em nível estratégico, e pagam um preço alto por sua ignorância).

Nessa linha de raciocínio, o sucesso parte da Visão Estratégica, que é a percepção educada para ver além, detectar tendências e antecipar-se aos acontecimentos.

Não há visão sem pensamento. É preciso refletir e traduzir sonhos em realidade estratégica, fazer acontecer. Agir com visão. Habituar-se a ver o geral, por meio da percepção educada, sem perder a capacidade de focar o detalhe que demanda atuação rápida. Decidir é deter o conhecimento amplo e agir pronta e eficazmente. Não há decisão correta sem visão global, mormente hoje, em um mundo informatizado e com múltiplas variáveis influenciadoras.

O impacto da informação contínua, abrangente, extensiva e profunda gera no homem moderno o estresse do conhecimento, a angústia entre a necessidade do conhecer e a impossibilidade de reter até o essencial para suas carências. A alternativa é a ignorância seletiva, a renúncia às informações que não agregam valor imediato às necessidades. Ocorre aí o grave risco da especialização: optar-se pelo conhecimento estritamente necessário à atividade. Isso é trágico, pois tolhe a visão, estreita a competência e a condiciona ao detalhe operacional. Perde-se em Visão Estratégica e se empobrecem a decisão e a ação.

A solução é o equilíbrio, mantendo-se a curiosidade científica: ser "cidadão do mundo" do conhecimento e personagem local, agindo sobre a realidade próxima. Descontextualizado ninguém é. Vive-se a situação do ignorante, suscetível a manipulações e manobras. Perde-se a liberdade e, com ela, a cidadania.

Visão e Planejamento Estratégico são necessários à vida e demandam educação contínua. Daí enfatizarmos que educação empresarial deve ser objetivo da empresa, para sua sobrevivência, expansão e perpetuidade.

Visão e Ação Estratégica

Organização
Fracasso e sucesso

1. Cultura organizacional deficiente
- Não há valores explícitos
- Ambiente fechado
- Centralização / falta de delegação
- Interesses imediatistas / individualismo
- Aventureirismo de mercado
- Falta compromisso de qualidade
- Falta identidade profissional e empresarial
- Deterioração da imagem pública

2. Miopia estratégica
- Falta visão abrangente
- Pouca reflexão / muita ação
- Reage-se, não se pró-age

   A organização
   Não pensa
   Não sente
   Não sonha
   ... é infeliz!
- Treinamento sem educação empresarial

3. Desintegração das lideranças
- Visão fragmentada
- Arquipélago organizacional
- Não há equipe
- Liderança carismático-individualista: "gênios", "heróis" e "mártires"

4. Visão distorcida do cliente
- Não gosta do cliente, mas sim do mercado / lucro
- Marketing massificado
- Cliente massificado
- Foco no concorrente, para destruí-lo

1. Cultura organizacional
- Filosofia de empresa / verdades comuns
- Comunidade vivencial de aprendizagem
- Ética e cidadania
- Educação empresarial / renovação contínua

2. Estratégia de empresa
- Visão ampla de missão
- Objetivos e metas
- Empresa que pensa / Empresa feliz
- Educação empresarial

3. Liderança integrada
- Sistema integrado de liderança
- Autodireção e autocontrole de pessoas e equipes
- Delegação de autoridade
- Gerente educador

4. Cliente personalizado
- Marketing do relacionamento
- Cliente como sensor das decisões
- Globalização, tecnologia, personalização (integração)
- Foco no cliente como pessoa
- Educação empresarial

Figura 1.5 Sucesso e fracasso das organizações.

Procuramos distribuir esses indicadores em um quadro referencial de causas de fracasso e sucesso das organizações (Figura 1.5).

O balanço dos fatores de fracasso e sucesso indicam claramente que a Visão Estratégica está diretamente ligada à valorização humana.

Planejamento Estratégico que não tem o homem como foco central não tem a condição essencial para o êxito. Torna-se um plano de curta duração e de resultados discutíveis.

Planejamento Estratégico é empresa em renovação contínua.

> **DICA**
>
> Estratégia, dizem, é continuar atirando, mesmo depois de terminada a munição. Isso só é possível com criatividade.
> Não se enfrenta com eficácia uma situação crítica sem estratégia criativa. Sem Visão Estratégica pode-se sair com o barco para descobertas, mas dificilmente chega-se a um porto que valha a pena.

1.1.9 O emburrecimento das organizações e o pensamento estratégico

1. A organização é intrinsecamente limitadora do pensamento, pois, focada na eficiência, implica regras, pressupõe a ordem formal e guia-se por paradigmas, ditados pela experiência repetitiva.
2. O poder é, em geral, exercido sem inteligência reflexiva, centrado em resultados imediatistas, sem Visão Estratégica.
3. Concede-se pouco ou nenhum espaço à reflexão. O estímulo é ao agir compulsivo, à reação, e não à proação; todos voltados para a atividade produtiva.
4. Visão míope das lideranças que, se fixadas em alvos, sem a dimensão do objetivo, não educam, não formam nem desenvolvem equipes. As gerências buscam a coesão para resultados, mas sem a integração, o comprometimento e a corresponsabilização das equipes. Prevalecem o individualismo e a competição predatória. Todos estão "brigando"; não têm tempo nem espaço para pensar.
5. O autoritarismo, pelos estragos que provoca na mente das pessoas, inibe o pensamento. O "não pensar" gera insensibilidade, rotinização de vontades e procedimentos, incapacidade de avaliação crítica e amortecimento espiritual.
6. Nas organizações, a maioria não conhece o chão em que pisa e não está preparada para o futuro desafiante, pois não foi ensinada nem estimulada a pensar, mas sim a seguir ordens, sem a contribuição relevante, que faz o diferencial de qualidade.
7. Sem o exercício do pensar coletivo, não há cultura de participação, não há equipe integrada, não há colaboração nem afetividade, tampouco solidariedade. Não se vive nem se convive em plenitude.

As organizações emburrecem por falta de exercício do Pensamento Estratégico.

1.1.10 "Desemburrecendo" e tornando inteligente a organização

O pensamento estratégico tem o condão de "desemburrecer" e tornar inteligente a organização, pois permite:

1. Abrir espaços ao pensar, criando-se a cultura do Pensamento Estratégico, estimulando-se, por meio de canais de explicitação de ideias, a reflexão em equipe, a participação criativa, a avaliação crítica e a experimentação, na qual a visão de oportunidades precede a de problemas.

2. Educar as lideranças na formação de equipes, criando-se, por meio da concepção de líder educador, a comunidade vivencial de aprendizagem (todos educam, todos são educados). A leitura interativa, em equipe, é um forte motivador à reflexão, desenvolvendo o hábito do pensar estratégico.
3. Integrar as lideranças por meio de verdades comuns: o comprometimento com uma filosofia básica e o consenso quanto à missão da empresa. Nada tem a ver com o "pensamento único", que é a fórmula totalitária de impor doutrinas. A verdade comum é resultante do pensamento crítico, da inteligência reflexiva.
4. Construção conjunta da estratégia empresarial, a partir de um comitê estratégico que defina as grandes linhas e monitore sua implantação em toda a empresa. Não pode haver gestão e planejamento sem desenvolver o sonho e o Pensamento Estratégico.
5. Tornar o Planejamento Estratégico o grande instrumento de formação de líderes, comprometidos em transformar a organização, por meio de objetivos e metas, em uma realidade em contínua renovação.

QUESTÕES PARA REFLEXÃO E DEBATES

1. Qual é o significado da Visão Estratégica e como desenvolvê-la?
2. É viável o exercício da visão coletiva?
3. Como associar visão a capital intelectual e inteligência coletiva?
4. Em que consiste a Ação Estratégica?
5. Quais são as condições para o êxito do Planejamento Estratégico e quando ele se constitui em "pura perda de tempo"?
6. Como distinguir missão de objetivos?
7. Quais são os principais equívocos estratégicos que quebram as organizações?
8. Como estruturar o diagnóstico organizacional e formular a estratégia?
9. Qual é a fundamentação para o esforço de renovação organizacional?
10. Qual é a abrangência do conceito de liderança renovadora?

REFERÊNCIAS

ADIZES, I. *Os ciclos de vida das organizações*. São Paulo: Pioneira, 1990.

BENNIS, W.; NAMUS, B. *Líderes*: estratégias para assumir a verdadeira liderança. São Paulo: Harbras, 1990.

MATOS, F. G. de. *Estratégia de empresa*. São Paulo: Makron Books, 1993.

MATOS, F. G. de. *Nova liderança, nova organização*. São Paulo: Makron Books, 2002.

MATOS, F. G. de. *Estratégia de renovação*. São Paulo: Thompson/IOB, 2006.

MATOS, F. G. de. *Ética na gestão empresarial*. São Paulo: Saraiva, 2008.

Acesse à Sala de Aula Virtual para obter conteúdos complementares e aprofundar seus conhecimentos sobre o tema deste capítulo.

2 MOTIVAÇÃO DOS TALENTOS

A Estratégia Inteligente que Alimenta a Estratégia Empresarial

Idalberto Chiavenato

A Ação Estratégica não pode ser o trabalho de uma só pessoa na organização. Na verdade, a alta cúpula da empresa está profundamente envolvida nisso, mas a Ação Estratégica precisa ser compartilhada por todas as pessoas que trabalham em todos os níveis da empresa. Ela precisa constituir um verdadeiro mutirão de esforços individuais e grupais para que realmente possa acontecer e produzir resultados palpáveis e concretos. Isso envolve conscientização e preparação e, mais do que isso, engajamento e empoderamento de todas as pessoas. E esse engajamento e empoderamento depende da motivação das pessoas. É preciso transformá-las em talentos, o que requer capacitação e requalificação permanente para que seu desempenho seja alavancado.

Um dos mais difíceis desafios do administrador – em qualquer área ou nível organizacional em que esteja atuando – é conseguir juntar as peças do enorme tabuleiro de conceitos, teorias e tendências que ocorrem na Administração e transformá-las em programas integrados de ação em seu trabalho cotidiano. Tomar cada detalhe no enorme labirinto de concepções e tentar encaixá-lo dentro de uma visão ampla, sincrética e sintética, consistente e integrada, não é nada fácil. O perigo está em tratar a Administração como se ela fosse um conjunto de escaninhos separados de um enorme arquivo. Cada escaninho trata de um assunto específico e isolado. Quando é preciso trabalhar com estratégia, basta procurar no diretório adequado. Quando o problema é tratar da motivação das pessoas, existe um escaninho específico para tanto. Quando é preciso trabalhar com objetivos, deve-se procurar outro endereço, como se a Administração fosse uma enorme enciclopédia constituída de vários tomos ou volumes, cada qual versando sobre determinada especialidade. Ou como se fosse um enorme manual de receitas capaz de ensinar como fazer um prato de carne, montar uma salada ou criar uma sobremesa.

PARA REFLEXÃO

Onde se concentrar?

Uma vez perguntei a um famoso jogador de futebol: qual é seu segredo para ser um craque? E ele simplesmente me falou: eu estou sempre onde a bola vai chegar. Após

> a entrevista, cheguei a uma conclusão: ele tem Visão Estratégica. Como? Simples: ele tem uma visão de todo o campo, onde se situam a cada momento os companheiros e os adversários e como todos eles se movimentam, inclusive a bola. Essa visão sistêmica lhe permite entender a dinâmica do jogo – onde tudo se move continuamente – e tem a intuição de onde deve estar e para quem entregar a bola, com a rapidez e a agilidade necessárias.

Para cada desafio, não existe uma receita pronta específica e detalhada. O desafio é reconciliar e integrar os diferentes assuntos e atividades para formar um todo coeso e integrado. É como tratar de estratégia organizacional sem incluir a motivação das pessoas para executá-la, ou falar em objetivos globais e organizacionais omitindo-se os objetivos individuais e pessoais. Tudo isso leva a fazer um trabalho parcial e incompleto baseado em uma colcha de retalhos. Muito do que existe em Administração se fundamenta em ideias, abstrações, teorias e conceitos que precisam ser compreendidos para que se tornem conhecimento implícito capaz de se transformar em conhecimento explícito por meio de sua aplicação prática. Eis aí o segredo da profissão: saber integrar, juntar e não separar ou dividir as coisas, ver a floresta, e não cada uma das árvores que a forma. É o que chamamos de Visão Sistêmica. E, além disso, conhecer a essência de cada assunto para que ele possa ser transformado em ferramenta de trabalho e aplicado na prática administrativa.

Discutiremos o Planejamento Estratégico e a fixação de objetivos organizacionais e do futuro do negócio, bem como a inclusão de objetivos de curto e médio prazos das pessoas envolvidas em sua implementação e execução. Em consequência, deve-se promover a conscientização de todos quanto à missão e à visão de futuro da organização para que as pessoas possam contribuir com o melhor de que dispõem e possam ter a oportunidade de agregar seu conhecimento, competências e valor ao negócio. Certamente, o estabelecimento de objetivos – sejam organizacionais, grupais ou individuais – assume um papel fundamental nesse processo.

A renovação organizacional precisa desses aspectos. Objetivos estratégicos somente são alcançados com o trabalho de pessoas motivadas e satisfeitas. Para alcançar objetivos organizacionais, é necessário que se abra espaço suficiente para o alcance de objetivos individuais das pessoas. Para satisfazer o cliente, é necessário satisfazer, antes, as pessoas que cuidam dele. Sem isso, pouco se faz.

PARA REFLEXÃO

Como posicionar os elementos?

Como diz o consultor dinamarquês Klaus Möller: coloque os colaboradores em primeiro lugar e eles automaticamente colocarão o cliente em primeiro lugar. É uma pura questão de causa e efeito. Uma coisa leva necessariamente a outra, tal como os degraus de uma escada conduzem a um piso superior. Muitas organizações que pretendem encantar o cliente procuram, antes de mais nada, motivar e encantar seus colaboradores. O restante fica por conta deles. O perigo é "colocar os carros na frente dos bois": tentar alcançar apenas os objetivos organizacionais e se descuidar dos objetivos e necessidades dos colaboradores ou, então, tentar satisfazer o cliente e se descuidar da satisfação e da felicidade das pessoas que o atendem. O mesmo se refere à estratégia organizacional.

2.1 PARÂMETROS DO PLANEJAMENTO ESTRATÉGICO

Fala-se muito em Planejamento Estratégico hoje em dia. Em um mundo cheio de mudanças e transformações que se sucedem rápida e inesperadamente, a estratégia passa a ser a bússola salvadora das organizações: o mecanismo de direcionamento capaz de levar as organizações aos objetivos que pretendem realizar, apesar de todas as mudanças e transformações que ocorrem no meio do seu caminho. Quanto maior e mais complexas a mudança e a transformação ao redor, tanto maior a necessidade de estratégia organizacional.

O detalhe é que essa estratégia – ao contrário das estratégias fixas, estáveis e permanentes que se formulavam antigamente, em épocas de previsibilidade e relativa certeza – precisa ser flexível, rápida, ágil e inovadora para enfrentar as turbulências no ambiente em que as organizações competem entre si. Os tempos mudaram: a estabilidade das décadas anteriores transformou-se em instabilidade, a certeza e a permanência transformaram-se em mudança, incerteza e ambiguidade. Muitas coisas contribuíram para essas transformações: a chegada da Era Digital, que suplantou a Era Industrial, e a Era da Informação, com novas e revolucionárias tecnologias, mudanças sociais e culturais, ênfase nas competências, maior importância dos serviços ao cliente e, principalmente, um novo lugar dos talentos no cenário organizacional – a peça inteligente e emocional mais importante de toda a estrutura e dinâmica organizacional.

O Planejamento Estratégico é um processo organizacional compreensivo de adaptação organizacional por meio da tomada de decisão, avaliação e ação organizacional. Procura responder a algumas questões básicas, como: por que a organização existe, qual o seu propósito, o que ela faz, por que e como ela faz. O resultado desse processo é um conjunto altamente integrado e flexível de planos que serve para guiar a ação organizacional por um prazo de tempo pela frente.

O Planejamento Estratégico apresenta cinco características fundamentais:[1]

1. **Relaciona-se com a adaptação da organização a um ambiente altamente mutável.** Está focado nas relações entre a organização e o seu ambiente de tarefa, que é constituído por um elenco mutável de clientes, intermediários (como atacadistas e varejistas), fornecedores, concorrentes (quanto a clientes e fornecedores), agências reguladoras, acionistas e investidores. Portanto, extremamente sujeito à incerteza a respeito dos eventos ambientais que se sucedem em uma ampla variedade de cursos de ação. Por se defrontar com a incerteza, tem suas decisões baseadas em julgamentos e nem sempre

em dados concretos baseados na abordagem analítica. Reflete uma orientação externa da organização que focaliza as respostas adequadas às forças e pressões que estão situadas do lado de fora dela e que estão fora de seu controle e até mesmo de sua compreensão. A incerteza é enorme.
2. **Está orientado para o futuro.** Seu horizonte de tempo é o longo prazo, apesar de todas as rápidas e ambíguas mudanças ambientais. Durante o curso do planejamento, a consideração dos desafios é dada em função das oportunidades ou ameaças que surgem no meio do caminho e que exigem correções de rumo – da mesma forma como buscamos saídas ou opções quando encontramos o tráfego congestionado. Como é focado no futuro, depende da construção de cenários alternativos de desdobramentos futuros da situação atual.
3. **É amplo e compreensivo.** O Planejamento Estratégico envolve a organização como uma totalidade, abarcando todos os seus recursos e competências no sentido de obter efeitos "sinérgicos" de todas as capacidades e potencialidades da organização. Essa resposta estratégica da organização envolve um comportamento global, compreensivo, holístico e sistêmico, e o papel de todas as pessoas é fundamental nesse aspecto. O Planejamento Estratégico não deve ficar apenas no papel ou na mente do estrategista, mas na cabeça e no coração de todas as pessoas envolvidas na sua construção e, principalmente, na sua execução. São elas que o realizam e o fazem acontecer. Tais pessoas precisam entender e conhecer os objetivos a alcançar para que possam atingi-los de maneira consciente, compromissada e engajada. Sem isso, o Planejamento Estratégico, por melhor que seja, não funciona nem produz resultados e vai para a gaveta.
4. **É um processo de construção de consenso e colaboração.** Dada a diversidade dos interesses e necessidades de todos os parceiros envolvidos, o Planejamento Estratégico oferece um meio de atender a todos eles na direção futura que melhor convier a todos. Consenso dos parceiros envolvidos: dirigentes, acionistas, administradores, colaboradores, fornecedores e até mesmo intermediários, enfim, todos aqueles que contribuem para que a organização possa alcançar os seus objetivos. Mais do que isso: aceitação ampla e irrestrita para que o Planejamento Estratégico possa ser realizado pelas pessoas em todos os níveis da organização.
5. **É uma forma de constante aprendizagem organizacional.** Como está orientado para a adaptação da organização ao contexto ambiental e aproveitamento das oportunidades, ou a evitação ou atenuação das possíveis ameaças, o planejamento constitui uma tentativa constante de aprender a se ajustar a um ambiente complexo, dinâmico, competitivo e mutável, além de complexo e incerto. Os ajustes internos – a construção do consenso, as negociações para tanto, as interdependências, as interações, a definição de recompensas – constituem sempre novas maneiras de aprender a conviver em conjunto e, principalmente, cooperar para que a união faça a força da organização. A sinergia está por trás disso tudo, e ela depende desse tipo de solidariedade interna.

O Planejamento Estratégico assenta-se sobre quatro parâmetros básicos:

1. **Visão de futuro**: isto é, o que a empresa pretende ser ou estar no horizonte temporal previsto tendo como pano de fundo a missão organizacional. Começa com a construção do consenso sobre o futuro que se deseja para a empresa.
2. **Foco nos fatores ambientais externos**: envolve seu ambiente de tarefa (clientes, fornecedores, concorrentes e agências regulatórias) e seu macroambiente (fatores econômicos,

tecnológicos, sociais, políticos, culturais, demográficos etc.). As condições externas do ambiente são examinadas a fim de se mapear as oportunidades (que devem ser aproveitadas antes que os concorrentes o façam) e as ameaças exógenas (que devem ser neutralizadas ou evitadas) no curto, médio e longo prazos. Daí a necessidade de construir cenários futuros a partir de desdobramentos da situação atual.
3. **Foco nos fatores organizacionais internos**: para analisar as condições internas da empresa, seus pontos fortes endógenos (que devem ser aplicados ao máximo e melhorados), seus pontos fracos endógenos (que devem ser corrigidos) e o grau de competitividade da empresa em relação aos concorrentes.
4. **Compatibilidade entre os fatores organizacionais internos com os fatores ambientais externos.**

SAIBA MAIS — Como dizia Charles Darwin

Seu livro *A origem das espécies* inspirou a chamada Biologia Organizacional por meio da sua frase: "não são as espécies vivas mais fortes nem as mais inteligentes que sobrevivem e se mantêm em um ambiente altamente mutável. São aquelas que se adaptam às mudanças ambientais". Da mesma forma, não são as organizações mais fortes nem as mais inteligentes que sobrevivem, são aquelas que se adaptam às mudanças ao seu redor.

Isso se dá, principalmente, nos tempos atuais de mudanças e transformações rápidas, evanescentes, imprevistas e carregadas de incerteza e ambiguidade. Para se adaptar a esse ambiente extremamente mutável, a organização precisa contar com pessoas capazes de entender os desafios externos e ajudá-la a se adequar e se ajustar rapidamente a eles, transformando-os em oportunidades a serem aproveitadas.

PARA REFLEXÃO

Como pensar estrategicamente

Faça algumas perguntas sobre seu comportamento profissional em sua empresa, por exemplo:
- O que é estratégico para meu trabalho? Para meu departamento? Para minha empresa?
- O que é tático para meu trabalho? Para meu departamento? Para minha empresa?
- O que é operacional para meu trabalho? Para meu departamento? Para minha empresa?
- Como posso ser estratégico em meu trabalho e em minha atividade e contribuir positivamente para os resultados da minha empresa ou do meu departamento?
- Como posso pensar em termos de metas e objetivos a alcançar?

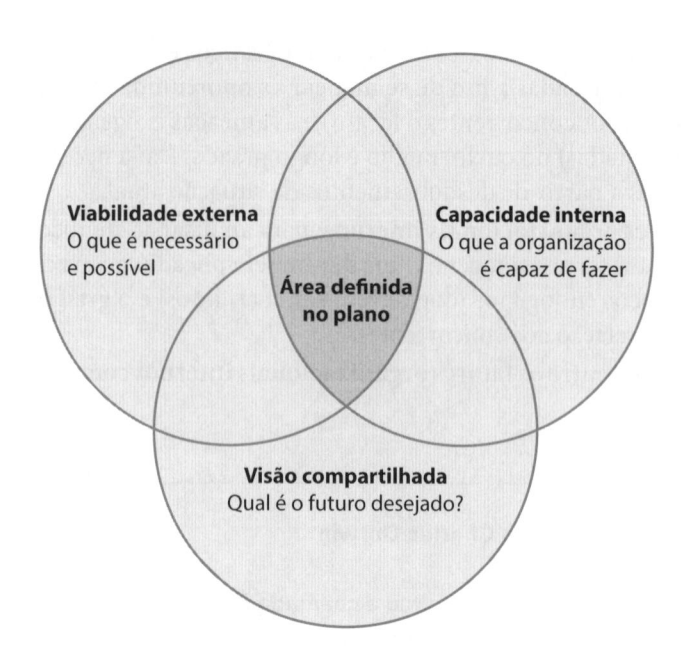

Figura 2.1 Os principais parâmetros do planejamento estratégico.

(Diagrama de Venn com três círculos: "Viabilidade externa — O que é necessário e possível", "Capacidade interna — O que a organização é capaz de fazer", "Visão compartilhada — Qual é o futuro desejado?", com intersecção central "Área definida no plano".)

Não pretendemos esgotar o assunto, mas simplesmente agregar alguns aspectos importantes na discussão do Planejamento Estratégico. São os talentos que fazem a diferença nas estratégias organizacionais. São eles – e não as tecnologias ou os recursos financeiros ou materiais – que percebem as mudanças e as novas necessidades, tomam decisões, interagem com os clientes, utilizam os recursos disponíveis, criam e inovam, e, principalmente, introduzem na organização sua principal vantagem competitiva: a inteligência coletiva (juntamente com a inteligência artificial) e a emoção. E, de lambuja, suas competências. Eles fazem a diferença entre a racionalidade e a irracionalidade, a lógica e a intuição, o sucesso e a felicidade. É preciso dar um novo papel aos talentos no cenário organizacional, e não mais como meros funcionários contratados que trabalhem de maneira rotineira, fria e burocrática seguindo regras e normas internas focadas em rotinas e métodos preestabelecidos e comportamentos rígidos. O novo papel dos talentos é bem diferente. É exatamente o oposto da tradição organizacional. Talentos devem ser tratados como empreendedores internos, parceiros e colaboradores da organização que tomam decisões com plena autonomia e liberdade a respeito de suas próprias atividades, que conhecem a missão e participam consciente e ativamente da construção da visão do futuro da organização, que interagem com o cliente interno ou externo, que aprendem, crescem e se desenvolvem com a organização e que também participam dos resultados organizacionais que ajudaram a construir. Nesse cenário, o papel de cada líder é fazer da inovação um hábito diário de sua equipe e incentivar e alinhar o aprendizado de todos com suas necessidades individuais ou coletivas e com as necessidades da organização.

Profissionais conhecidos como planejadores estratégicos eram, até pouco tempo atrás, os que se sentavam nos escritórios centrais e desenhavam estratégias para suas empresas. Longe do cotidiano dos negócios, esses estrategistas elaboravam planos para levar suas organizações ao sucesso, ditando a estrutura de alocação de recursos para mantê-las em crescimento e lucrativas. Hoje, esse modelo já não existe. Quem executa deve também planejar. O desenvolvimento de estratégias está inserido em um contexto de alta pressão interna e externa. Com as rápidas mudanças na competição, nas tecnologias, na regulamentação e na própria sociedade, as empresas questionam a utilidade de um processo separado entre planejar e executar sua estratégia de negócios.

Na verdade, existe uma profusão de abordagens para esse tema. Algumas empresas delegam a elaboração de estratégias para níveis mais próximos da periferia de seus mercados e clientes; outras desenvolvem planejamentos contínuos ou constroem suas estratégias sobre múltiplos cenários; há, ainda, aquelas que sustentam seu crescimento sobre o "DNA corporativo" (a característica única e ímpar da organização) que indica os traços culturais e seu propósito estratégico.

A ambiguidade e a incerteza crescente tornaram o desenvolvimento da estratégia extremamente flexível, adaptável e variável. E seu sucesso passou a ser medido por outros parâmetros além dos financeiros, como excelência na gestão de risco e incerteza; criação e oferta de valor e conhecimento; satisfação dos seus públicos estratégicos e êxito na implantação e execução de mudanças rápidas. Tantas alternativas de formulação e medição significam deficiência na prática da estratégia empresarial? Definitivamente, não. A mudança ambiental provocou um amplo naipe de opções alternativas nas organizações. Mudança externa exige mudança interna para enfrentar o darwinismo organizacional.

Questões estratégicas merecem algumas reflexões para aumentar a eficiência do processo, tais como:[2]

1. **Diagnóstico honesto**: por pior que seja a situação enfrentada, é fundamental que ela seja bem retratada e analisada. Toda estratégia de negócios, por mais criativa e detalhada que seja, terá sustentação se a empresa souber distinguir seu desejo/ambição da realidade. O sucesso para enfrentar as condições reais de mercado está em transformar dados e informações reais em ações estratégicas. Só assim, pode operar com plena autonomia, contando com a tecnologia da informação para avaliar sua produtividade e eficiência no emprego do capital e da posição competitiva da organização.
2. **Mais do que desconforto**: precisamos enfrentar vacas sagradas, considerar o inesperado e o impensável, imaginar o impossível e sonhar com o incrível. Saber envolver a tomada de risco sobre um conhecimento incerto ou imperfeito. Se o futuro fosse conhecido, as estratégias se resumiriam apenas em prover a continuidade da eficiência operacional. A diferenciação e o sucesso não acontecem sem gerar uma dose de risco pela frente.
3. **Ter clara a ambição estratégica**: criar uma ambição estratégica, que dê direção aos negócios, requer desenvolver uma visão internamente compartilhada sobre as melhores oportunidades no futuro; entender quais características e competências serão solicitadas e as expectativas dos acionistas e das demais partes interessadas; analisar os gargalos existentes e imaginar como tratá-los. E, finalmente, criar um perfil futuro que melhore harmoniosamente a visão, os recursos e as competências necessárias.
4. **O papel da criatividade**: nenhuma metodologia pode substituir o instinto, o *insight* e a criatividade das pessoas. Estratégia é ciência com suas ferramentas tecnológicas, é a arte da busca da mais profunda inspiração humana, nunca negligenciar a experiência

e a intuição daqueles que vivem o ambiente da empresa. O aspecto intuitivo é o mais difícil de justificar, avaliar e codificar – e talvez seja o mais importante. Lembre-se, a estratégia é uma aposta da empresa em seu futuro, e toda aposta enfrenta um risco.

5. **Lembrar da implementação e execução**: não basta apenas planejar ou executar. A melhor estratégia é aquela que, quando colocada em prática, produz resultados concretos. Para executá-la, é preciso treinar, capacitar, comunicar, identificar pontos de ruptura, reconhecer e reforçar o trabalho dos implementadores, construir consenso e mecanismos para capturar o conhecimento emanado do processo em si. A execução constitui a parte mais crítica e demorada da estratégia. É altamente desejável que os líderes encarregados de sua execução também participem ativamente de seu planejamento.

6. **Aprender a mudar**: o desenvolvimento de estratégias é um processo de aprendizagem e de mudança. A conscientização da situação desejada e o esforço em unir competências para implementar a mudança criam um processo de aprendizado que é autoalimentado ou retroalimentado por uma base forte na comunicação, participação intensiva e colaboração humana, além de muito *feedback* para assegurar confiança naquilo que estão realizando. Confiança e carinho são fundamentais para o apoio coletivo de todas as pessoas.

Neste mundo de mudanças rápidas e constantes, imprevistas e incertas, vencem as empresas prontas a responder de maneira flexível e ágil e a se antecipar às mudanças. As organizações que cultivam o aprendizado como regra do dia a dia levam tremenda vantagem. A aprendizagem precisa ser constante e permanente, seja por meios formais ou informais. Fala-se, hoje, em *lifelong learning* como a melhor maneira de contínua atualização e crescente desenvolvimento profissional.

Assim, todas as pessoas devem estar sempre em estado de alerta. Os piores inimigos de um bom plano estratégico são a complacência e a arrogância, pois levam a ações modestas e, muitas vezes, mortais para seu futuro. E não se deve esquecer que a estratégia depende muito de pessoas motivadas e entusiasmadas em sua execução.

2.2 MISSÃO ORGANIZACIONAL

A missão organizacional tem ocupado lugar de destaque nos assuntos estratégicos. A missão de uma organização significa a razão de sua existência; é seu propósito de vida, sua finalidade ou o motivo pelo qual a organização foi criada e para que ela deve servir. A definição da missão organizacional deve responder a três perguntas básicas:

1. Quem somos nós?
2. O que fazemos?
3. E por que fazemos o que fazemos?

No fundo, a missão envolve os objetivos essenciais do negócio e está geralmente focalizada fora da empresa, ou seja, no atendimento a demandas da sociedade, do mercado ou do cliente. É importante conhecer a missão e os objetivos essenciais de uma organização, porque se o administrador não sabe por que ela existe e para onde ela pretende ir, ele jamais saberá dizer qual o melhor caminho a seguir.

Cada organização tem sua própria e específica missão. A missão deve constar de uma declaração formal e escrita, o chamado credo da organização, para que ela funcione como um lembrete periódico a fim de que os funcionários saibam claramente para onde e como conduzir os negócios. Assim como todo país tem seus símbolos básicos e sagrados como a bandeira, o hino e as armas, a organização deve preservar sua identidade, tanto interna quanto externamente. Para tanto, a missão deve ser objetiva, clara, possível e, sobretudo, impulsionadora e inspiradora. Ela deve refletir um consenso interno de toda a organização e ser compreendida facilmente pelas pessoas de fora da organização. Para que seja eficaz, a formulação ou a declaração da missão deve descrever:

1. Clara e concisamente o propósito fundamental do negócio.
2. Quais as necessidades básicas que o negócio deve atender e como atendê-las.
3. Quem é o cliente ou quais os setores-alvo ou o mercado a ser servido.
4. Qual é o papel e a contribuição da organização à sociedade.
5. Quais as competências que a organização pretende construir ou desenvolver.
6. Quais os compromissos, valores e crenças centrais que alicerçam o negócio.
7. Como criar o contexto interno adequado para formular os objetivos estratégicos e táticos e delinear o planejamento na organização.

A missão deve traduzir a filosofia da organização, a qual é geralmente formulada por seus fundadores ou criadores por meio de seus comportamentos e ações. Essa filosofia envolve os valores e as crenças centrais que representam os princípios básicos da organização que balizam sua conduta ética, responsabilidade social e suas respostas às necessidades do ambiente. Os valores e as crenças centrais devem focar os funcionários, os clientes, os fornecedores, a sociedade de um modo mais amplo e todos os parceiros direta ou indiretamente envolvidos no negócio. Assim, a missão deve traduzir a filosofia em metas tangíveis e que orientem a organização para um desempenho excelente. É a missão que define a estratégia organizacional e indica o caminho a ser seguido pela organização.

Os *stakeholders* e os beneficiários das organizações não são singulares nem reduzidos a umas poucas pessoas ou grupos homogêneos. A visão moderna engloba todos os diferentes parceiros envolvidos no processo produtivo de uma organização, como veremos adiante. A recente consagração do cliente – ou consumidor – como o foco principal das organizações é um exemplo dessa postura.

Independentemente do foco no *stakeholder* ou no beneficiário principal, as organizações estão somente há pouco tempo compreendendo que sua missão é servir ao cliente, atender às suas necessidades e aspirações e, sobretudo, encantar o cliente e ultrapassar suas expectativas. O cliente é o principal beneficiário de qualquer tipo de organização. Recentemente, surgiu um desdobramento do conceito de cliente: há o cliente externo, que está em algum mercado, e há o cliente interno, que está em alguma parte dentro da organização. E, quando se fala em cliente interno, há de se levar em conta as pessoas que trabalham na organização e cuja atividade é interdependente de outras pessoas que estão a montante e a jusante de seu trabalho. Nesse sentido, cada colaborador tem seu fornecedor e seu cliente, formando uma cadeia de valor agregado na ponta da qual está o cliente final: o cliente externo.

Como toda organização é um organismo vivo em contínuo desenvolvimento, muitas empresas bem-sucedidas estão continuamente atualizando e ampliando sua missão. Embora relativamente fixa e estável, a missão deve ser atualizada e redimensionada com o passar do tempo e com as mudanças nos negócios.

David Packard, um dos fundadores da HP, dizia que "o verdadeiro motivo de nossa existência é fornecer algo singular" ao cliente, e não necessariamente produtos ou serviços. A Philips adota o lema: "fazendo sempre melhor" (*let's make things better*) para oferecer esse algo a mais. A Xerox transformou-se na *the document company* para melhor firmar sua marca. Theodore Levitt acrescenta que o primeiro negócio de qualquer negócio é continuar no negócio. Isso já mudou recentemente. O negócio agora é manter a sustentabilidade em um mundo em intensa mudança e incerto. Assim, a inovação nos dias de hoje é imprescindível. Por essa razão, a 3M norte-americana, por exemplo, é uma empresa que lança no mercado mais de um produto por semana, evoluindo de uma necessidade percebida para uma solução realmente inovadora. Os produtos e serviços funcionam como meios, e não como fins. A missão da 3M certamente não focaliza seus produtos – que mudam torrencialmente –, mas o dinâmico processo de criá-los e desenvolvê-los. Isso mostra como a missão agrega identidade e personalidade à organização.

> **SAIBA MAIS**
>
> **Vamos falar um pouco de Big Mac?**
>
> O McDonald's faz sucesso no mundo inteiro vendendo sanduíches e outros produtos. Existem sanduíches e sorvetes de casquinha bem melhores em qualquer esquina da vida. Na verdade, o McDonald's não está no negócio de sanduíches; seu verdadeiro negócio é o sistema. Tudo no McDonald's se apoia em padrões e processos previamente estabelecidos, em que cada tarefa pode ser desempenhada por praticamente qualquer pessoa. É quase impossível um funcionário não conseguir fritar aquelas adoráveis batatinhas com as fritadeiras automáticas à sua disposição. O sistema não permite que o negócio se torne refém de certas pessoas. O que faz o negócio funcionar é o sistema. As pessoas apenas o seguem. O verdadeiro produto de uma empresa é o próprio negócio. O produto do McDonald's é a própria loja. Ali ninguém se preocupa com o que fazer, mas em como fazer.[3]

EMPRESA FARMACÊUTICA	EMPRESA DE UTILIDADE PÚBLICA	EMPRESA DE COLETA DE LIXO
Somos uma empresa internacional de biotecnologia que descobre, desenvolve, manufatura e comercializa produtos farmacêuticos para várias necessidades médicas.	Proporcionamos serviços de energia elétrica que são seguros, confiáveis e econômicos para consumidores domésticos e industriais a tarifas justas e razoáveis.	Somos uma empresa de serviços que coleta e reboca qualquer coisa que deva ir para o lixo.

Figura 2.2 Diferentes exemplos de missões organizacionais.

2.2.1 Afinal, o que faz sua empresa?

Peter Drucker sempre foi um arguto observador da natureza humana. Suas deduções quase sempre partiam do óbvio, mas encantam pela singularidade. Em 1989, o presidente do conselho da ServiceMaster, C. William Pollard, levou seu conselho de diretores para Claremont, Califórnia, para uma reunião com Drucker em sua residência. "Vocês sabem me dizer o que sua empresa faz?", indagou Drucker, iniciando logo a reunião. Cada diretor deu uma resposta diferente. Um disse que era faxina em residências, outro optou pela limpeza doméstica, outro preferiu a dedetização e o outro partiu para jardinagem. "Vocês todos estão enganados", interceptou bruscamente Drucker. "Os senhores não estão compreendendo a real natureza de sua empresa. O que ela faz é treinar as pessoas menos qualificadas e transformá-las em trabalhadores funcionais."

O velho mestre acertou na mosca! Hoje, a ServiceMaster fornece serviços que os clientes preferem não fazer eles mesmos. A grande maioria desses serviços são tarefas domésticas, e a empresa tem de contratar, treinar e motivar pessoas que, de outra maneira, talvez não encontrassem um papel útil a desempenhar na sociedade. Com essa nova abordagem proporcionada por Drucker, a ServiceMaster redirecionou totalmente suas atividades, conseguiu um tremendo sucesso e elevou a sua receita operacional ao patamar de 3,5 milhões de dólares anuais.[4]

A missão da organização deve ser cultivada com todo carinho pelos dirigentes e precisa ser difundida intensamente entre todos os membros para que haja comprometimento pessoal de todos em relação ao seu alcance. Esse caráter missionário transforma mais do que nunca todas as organizações em verdadeiras prestadoras de serviços ao cliente. O cultivo da missão faz com que os membros da organização procurem não apenas servir ao cliente, mas, sobretudo, ultrapassar suas expectativas e encantá-lo. Nas organizações mais bem-sucedidas, a formalização da missão é definida pelo nível institucional, com a ajuda participativa dos níveis intermediário e operacional da organização. No fundo, todos os talentos – e não apenas alguns deles – trabalham juntos para a sustentação da missão da organização. A missão facilita a identificação dos valores que a organização deve prezar. Quando os funcionários conhecem a missão e os valores que norteiam seu trabalho, tudo fica mais fácil de entender, de saber qual é seu papel e como contribuir para a organização. Somente assim a missão organizacional pode ser alcançada.

2.3 VISÃO DE FUTURO

Além do caráter missionário, existe também um caráter visionário nas modernas organizações. Visão é a imagem que a organização tem a respeito de si mesma e do seu futuro; é o ato de ver a si própria no espaço e no tempo. Toda organização deve ter uma visão adequada de si mesma, dos recursos e das competências que possui e que deseja possuir, do tipo de relacionamento que quer manter com seus clientes e mercados, do que quer fazer para satisfazer continuamente as necessidades e preferências dos clientes, de como irá atingir seus objetivos organizacionais, das oportunidades e dos desafios que deve enfrentar, de seus principais agentes, quais as forças que a impelem e em que condições ela opera. Geralmente, a visão está mais voltada para aquilo que a organização pretende ser do que para como ela realmente é. Dentro dessa perspectiva, muitas organizações colocam a visão como o futuro projeto que elas gostariam de ser dentro de certo prazo de tempo e qual o caminho futuro que pretendem adotar para chegar até lá. O termo **visão** é, em geral, utilizado para descrever um claro sentido do futuro e a compreensão das ações necessárias para torná-lo rapidamente um sucesso. A visão representa o destino que a empresa pretende transformar em realidade.

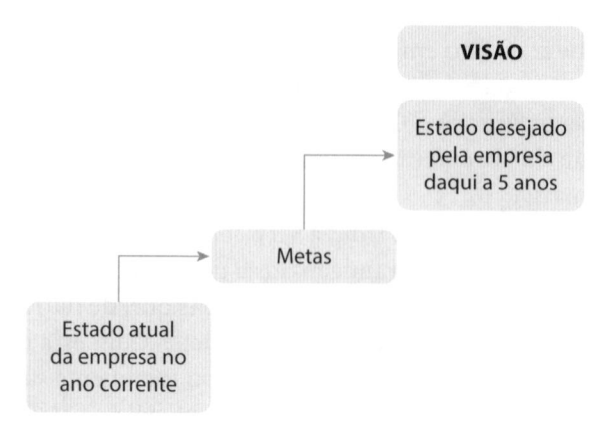

Figura 2.3 O caráter futurístico e visionário da organização.

A visão pretende estabelecer uma identidade comum quanto aos propósitos da empresa, a fim de orientar o comportamento de todos os membros quanto ao futuro que ela deseja construir. A falta de uma visão dos negócios é profundamente prejudicial, pois desorienta a organização e seus membros quanto às suas prioridades em um ambiente altamente mutável e fortemente competitivo. A visão somente é atingida quando todos dentro da organização – e não apenas alguns membros dela – trabalham em conjunto e em consonância para que isso aconteça efetivamente.

PARA REFLEXÃO

Visão de negócio

Muitas organizações realizam um trabalho integrado e consistente para divulgar sua visão e mostrar claramente a todos aquilo que elas pretendem ser. O Bradesco, por exemplo, mudou seu logotipo para enfatizar sua visão como um banco orientado para a modernização, a agilidade, a atualidade e o apoio ao cliente. O Itaú promove internamente sua visão para proporcionar uma convergência de esforços dos seus colaboradores. Os *slogans* de muitas empresas grandes quase sempre traduzem alguns aspectos de sua visão. Para a AT&T: "tudo ao seu alcance"; Motorola: "o que você pensava ser impossível"; Microsoft: "mais poder para quem trabalha"; IBM: "soluções para um mundo pequeno"; Volkswagen: "você conhece, você confia". E para a sua organização, qual o *slogan* adequado? Ou, antes, qual a visão que ela deseja construir para seu futuro? E, acima de tudo, qual é sua missão?

Quadro 2.1 Exemplos de visão de negócios

Onde estamos hoje	Onde queremos chegar nos próximos anos
■ Somos atualmente a segunda maior produtora de revistas de beleza do país	■ Queremos ser a primeira maior produtora de revistas de beleza do país
■ Dominamos 31% do mercado nacional	■ Queremos chegar a 45% do mercado
■ A satisfação dos consumidores atinge atualmente 83% dos assinantes	■ A satisfação dos consumidores deverá atingir 95% dos assinantes
■ Temos atualmente 55 mil assinantes	■ Queremos chegar a 100 mil assinantes
■ Nossa tiragem mensal atual é de 100 mil exemplares	■ Nossa tiragem mensal deverá atingir 200 mil exemplares
■ Utilizamos tecnologia de 3ª geração	■ Queremos tecnologia de 4ª geração
■ Nossos funcionários detêm 15% do capital social da empresa	■ Nossos funcionários deverão deter 33% do capital social da empresa

2.3.1 Como motivar os talentos para fazer parte de uma nova organização missionária e visionária?

O problema central é: como embarcar os talentos no trem da modernidade e transformá-los de agentes passivos e inertes em agentes ativos e dinâmicos da construção de um novo futuro para as organizações e para si mesmos? Como transformar o papel cartorial e insular atribuído durante décadas aos talentos para um novo papel criativo e inovador em que se assumam riscos e se cometam erros e, mais, se aprenda com a retroação fornecida pelos erros cometidos? Como inverter a obediência e subserviência cega, muda e surda às regras burocráticas da organização e transformar esta em um esquema envolvente de retaguarda de trabalho para as pessoas alcançarem os objetivos estabelecidos da maneira que julguem mais apropriada? Em vez de colocar o peso de toda a organização nas costas dos talentos em função da escala hierárquica, como descentralizar e transformá-la em uma ferramenta alavancadora dos seus resultados individuais e coletivos? Como tirar os talentos das masmorras psicológicas do trabalho individualizado e confinado, de tarefas simples e repetitivas sem nenhum significado, de seguimento cego e absurdo de regras burocráticas preocupadas exclusivamente com comportamentos ordenados e padronizados e distanciadas da missão, da visão e das expectativas dos clientes? Há muito o que fazer nas organizações para retirá-los do século passado ou retrasado e incluí-las na mentalidade criativa, empreendedora e inovadora da Era Digital.

Para que isso aconteça, a organização precisa mudar tanto sua estrutura organizacional quanto seu modo de comportamento. As barreiras organizacionais – como a organização funcional e estática em silos, baseada em cargos individualizados, tarefas repetitivas, rotineiras e fragmentadas em uma concepção mecanística e fechada – precisam ser imediatamente removidas. As barreiras culturais – como a desconfiança, a autocracia, a ênfase na motivação negativa por meio da coação e das punições, o imediatismo, o conservadorismo e o espírito burocrático – precisam ser igualmente removidas. A rigidez burocrática precisa ser substituída pela liberdade inovadora e criativa. A velha preocupação com a mão de obra precisa ser substituída pela preocupação com a mentalidade, com a inteligência, com o conhecimento e com as competências pessoais. Espírito empreendedor, eis a questão básica.

Em vez de reter, prender, constranger e acorrentar as pessoas, a nova organização precisa saber empurrá-las, incentivá-las, estimulá-las e recompensá-las em direção a resultados melhores. O sucesso organizacional está assentado, fundamentalmente, na maneira como as organizações sabem lidar com seus membros e extrair deles o melhor que eles podem dar, com muita motivação e satisfação de sua parte. Esse é o principal segredo.

Quadro 2.2 Maneiras de obter apoio dos talentos para as mudanças organizacionais

■ Remoção das barreiras culturais	■ Remoção das barreiras organizacionais
■ Liderança para orientar a mudança	■ Comunicação a respeito dos rumos da mudança
■ Ampla utilização de equipes	■ Preservação do emprego das pessoas
■ Participação e envolvimento de todas as pessoas	■ Busca de apoio de todas as pessoas
■ Recompensas compartilhadas	■ Envolvimento de todo o sistema

Porém, mais importante do que simplesmente obter o apoio dos talentos para as mudanças necessárias à atualização e modernização das organizações, é saber motivá-los e incentivá-los. Apoio e suporte significam a aceitação do caminho a ser trilhado. A motivação é que faz os talentos caminharem por ele e chegarem ao destino desejado. As pessoas são mais criativas e produtivas quando se sentem ouvidas, apoiadas e capacitadas para utilizar e aplicar seus pontos fortes. E, quando as pessoas são bem-sucedidas, consequentemente o negócio também se torna bem-sucedido. Por isso, muitas organizações afirmam e reafirmam: as pessoas constituem nosso maior patrimônio. E isso nunca foi uma conversa fiada, mas uma afirmação categórica. Assim, o estrategista precisa mandar cada vez menos nos talentos e desenvolvê-los e motivá-los cada vez mais. Sobretudo, precisa saber liderar, comunicar, orientar e delegar. O caminho democrático e participativo é a única solução possível para o sucesso organizacional em um mundo mutável, dinâmico e competitivo, no qual a união faz a força.

2.4 DEFINIÇÃO DE OBJETIVOS

A intenção de trabalhar em direção a algum objetivo constitui grande fonte de motivação para as pessoas.[5] Os objetivos estabelecidos influenciam o comportamento das pessoas, dando-lhes direção e consistência. Enquanto os objetivos específicos melhoram o desempenho, os objetivos difíceis, quando aceitos pela pessoa, resultam em desempenho mais elevado do que os objetivos fáceis. Estabelecer objetivos é o processo de desenvolver, negociar e formalizar metas ou objetivos para que uma pessoa se responsabilize pelo seu alcancem.[6]

Algumas pesquisas sobre o estabelecimento de objetivos revelaram as seguintes conclusões:[7]

1. **Objetivos mais difíceis conduzem a um melhor desempenho do que os objetivos menos difíceis.** Porém, se os objetivos são muito difíceis ou impossíveis, sua relação com o desempenho não vai muito longe. Um vendedor de carros tende a vender mais se seu objetivo é vender seis veículos a mais no mês do que se tivesse o alvo de apenas mais dois. Se, porém, o objetivo é aumentar em 60 veículos, seu desempenho será pior do que com o objetivo de seis.

2. **Objetivos específicos conduzem a um melhor desempenho do que objetivos vagos, imprecisos ou genéricos.** Dizer ao vendedor de carros para fazer o melhor possível é muito vago e, provavelmente, não melhorará seu desempenho. O ideal é formular uma quantidade específica de veículos.
3. **A oportunidade de participar na definição dos seus objetivos aumenta a aceitação dos objetivos pelo talento.** A resistência é maior quando os objetivos são difíceis. Se o talento participa na fixação dos objetivos, ele tende a aceitar melhor, mesmo que o líder imponha objetivos difíceis. Os talentos tornam-se mais comprometidos com as escolhas das quais elas tomam parte.
4. **A retroação dada pela tarefa**, isto é, o conhecimento dos resultados motiva as pessoas a um melhor desempenho, pelo fato de encorajar objetivos gradativamente mais elevados de desempenho. A retroação fornecida pelos resultados permite ao talento saber como está indo nos seus esforços em direção aos objetivos. A retroação proporciona informação sobre o progresso em direção ao objetivo e identifica discrepâncias entre o que se fez e o que se pretendia fazer. Ela serve para guiar e monitorar o comportamento. Todavia, a retroação interna é melhor do que a externa. A retroação autogerada – aquela cuja tarefa permite que o talento seja capaz de monitorar e avaliar seu próprio progresso – é melhor motivador do que a retroação gerada externamente pelo líder ou outra pessoa, como acontece na maioria dos sistemas de avaliação do desempenho humano.
5. **A capacitação e a autoeficácia fazem com que os objetivos definam um melhor desempenho para alcançá-los.** O talento deve estar capacitado a cumprir os objetivos e se sentir confiante quanto à sua capacitação. A autoeficácia é a crença de um indivíduo a respeito do seu desempenho em uma tarefa. Quanto maior a autoeficácia, maior a confiança que o talento tem na sua capacidade de ser bem-sucedido na tarefa. Talentos com elevada autoeficácia tendem a reagir à retroação negativa com maior esforço para ultrapassar o desafio, enquanto pessoas com baixa autoeficácia tendem a abandonar o esforço em função da retroação negativa.[8] O vendedor de carros pode ser capaz de vender seis veículos a mais por mês e estar plenamente confiante (autoeficácia) de que o fará. Contudo, se o objetivo for 60 veículos a mais, ele pode não ter a capacidade nem a confiança em consegui-lo.
6. **O comprometimento com os objetivos motiva os talentos a um melhor desempenho quando são aceitos.** Uma maneira de obter a aceitação ou o compromisso é fazer a pessoa participar no processo de estabelecer e formular objetivos. Ela se tornará a proprietária e dona dos objetivos. A determinação em seu comportamento será a principal característica. Objetivos atribuídos por outra pessoa podem ser também eficazes quando essa pessoa tem uma elevada posição e acredita que o subordinado pode alcançar o objetivo. Nesse caso, o objetivo designado funciona como um poderoso desafio e define os padrões que a pessoa utiliza para alcançar autossatisfação com seu desempenho. Um objetivo designado conduz a um mau desempenho quando ele não é adequadamente explicado nem aceito pela pessoa.

Quando se estabelece um objetivo, ele atua como estímulo interno e orienta melhor o comportamento da pessoa. A conclusão geral é que a formulação de objetivos difíceis e específicos constitui uma poderosa força motivadora. Para alguns autores, existem quatro métodos básicos para motivar as pessoas:[9]

1. **Dinheiro**: é, geralmente, o principal motivador, mas não deve ser o único a ser utilizado. Precisa ser aplicado juntamente com os outros três métodos a seguir.
2. **Objetivos**: estabelecimento do conjunto de objetivos por meio de negociação.
3. **Decisões**: participação efetiva das pessoas na tomada de decisões.
4. **Modelagem do trabalho e redesenho de cargos**: para proporcionar maior desafio e responsabilidade. O enriquecimento de cargos costumava ser o método mais utilizado. Outro aspecto importante: as tarefas individualizadas e solitárias estão sendo substituídas por tarefas coletivas e solidárias. A formação e desenvolvimento de equipes está sendo vigorosamente incrementada nas organizações e trazendo resultados incríveis.

Nesse aspecto, a Teoria da Expectância funciona como um ótimo método para a melhoria do desempenho individual. As pessoas se esforçam quando percebem uma relação direta entre seu esforço e seu desempenho (expectância), ou seja, entre seu desempenho e as recompensas que estão à sua disposição (instrumentalidade do desempenho) e entre as recompensas oferecidas e seus objetivos pessoais desejados (valência). É imprescindível que as pessoas percebam que certos resultados finais desejados (objetivos pessoais) são alcançados gradativamente por meio do alcance de objetivos intermediários (objetivos organizacionais) graças ao seu desempenho.

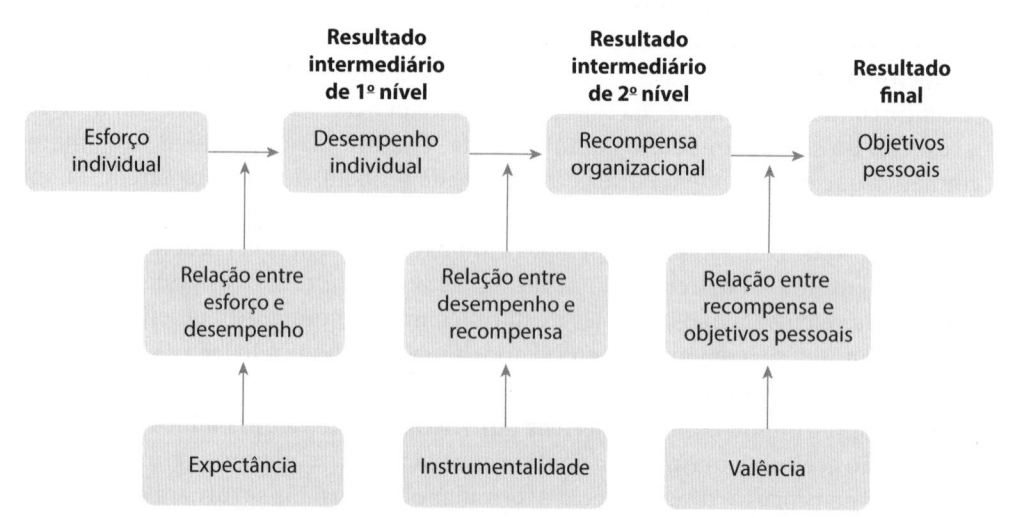

Figura 2.4 Uma abordagem administrativa da Teoria da Expectância.

Convém lembrar que a velha Administração por Objetivos (APO) – que foi a menina dos olhos de Drucker na década de 1950 e revolucionou a metodologia administrativa nas décadas seguintes – foi o figurino administrativo que imperou durante muito tempo nas grandes organizações e teve sua decadência decretada pelo excesso de burocratização no sistema. Ela retornou com uma nova roupagem, mudando até de nome: Administração Participativa por Objetivos (APPO). A Figura 2.4 é autoexplicativa.

Nesse novo esquema, gestor e subordinados discutem, negociam e formulam objetivos consensuais. O gestor se compromete a proporcionar os meios e recursos aos subordinados (como equipamentos, verbas, direção, orientação, treinamento, aconselhamento etc.), enquanto os subordinados se comprometem a trabalhar com aqueles recursos e meios para atingir os objetivos que negociaram com o gestor. A ação de ambas as partes é estreitamente relacionada, com muita comunicação, colaboração, ajuda mútua, motivação e, sobretudo, intensa retroação e autoavaliação. O resultado costuma ser animador.

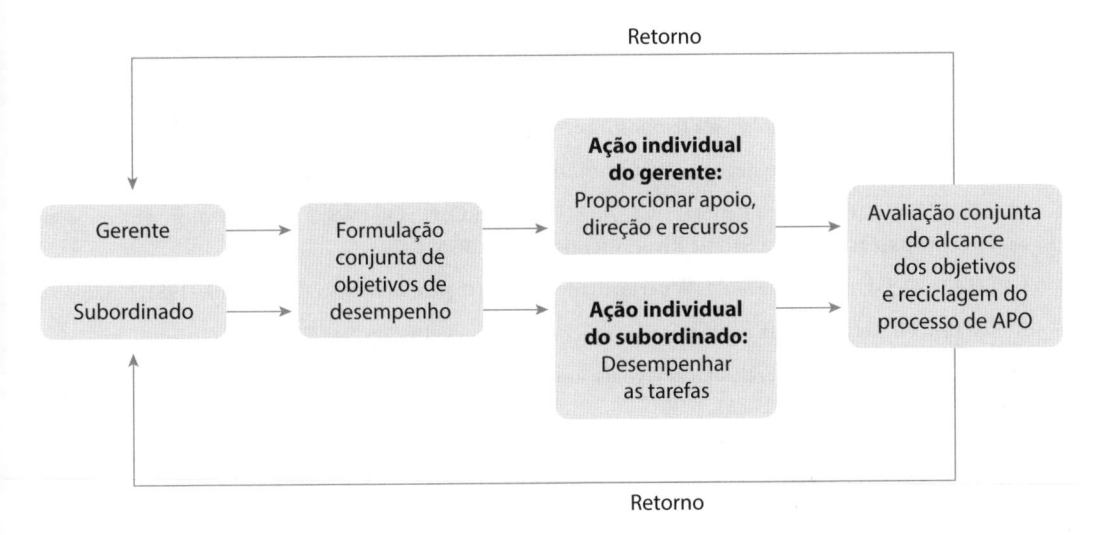

Figura 2.5 A Administração Participativa por Objetivos (APPO).

A adoção dessas providências permite melhorar continuamente a organização, transformando-a em verdadeira oficina de criatividade e inovação e de construção de novos produtos e serviços, de renovação de ideias e, sobretudo, de melhoria da qualidade de vida no trabalho e de satisfação íntima das pessoas. Afinal, conforme dizia Protágoras há 2.500 anos, "o homem é a medida de todas as coisas". O tempo passou e até hoje ele não perdeu a atualidade.

QUESTÕES PARA REFLEXÃO E DEBATES

1. Comente as características básicas do Planejamento Estratégico.
2. Em épocas de imprevisibilidade e turbulência, o que fazer com o Planejamento Estratégico tradicionalmente fixo e permanente de longo prazo?
3. Quais os principais parâmetros do Planejamento Estratégico? Como conciliá-los?
4. Por que se fala que a estratégia não morreu, mas mudou de rumo?
5. Qual o significado de missão? Como formular a missão de uma empresa?
6. Qual o significado de visão? Como formular a visão de uma empresa?
7. Como definir os princípios orientadores de uma empresa?
8. Como motivar as pessoas para fazer parte de uma nova organização missionária e visionária?
9. Comente as maneiras para se obter apoio das pessoas para as mudanças na empresa.
10. Como estabelecer objetivos para as pessoas?
11. Como fazer a formulação dos objetivos trabalhar e funcionar adequadamente?

12. Comente a Teoria da Expectância.

13. Comente a nova Administração Participativa por Objetivos (APPO).

REFERÊNCIAS

1. CHIAVENATO, I.; SAPIRO, A. *Planejamento estratégico*: da intenção aos resultados. 4. ed. São Paulo: Atlas, 2020.
2. DRUCKER, P. F. Uma Bússola para tempos incertos. *Exame*, ed. 632, 26 mar. 1997, p. 66-70.
3. CHERTO, M. A essência do negócio. *Pequenas Empresas, Grandes Negócios*, mar. 1998, p. 122.
4. FORD MOTOR CO. Annual Report, 1984. *In*: MINTZBERG, H.; QUINN, J. B. *The strategy process*: concepts, contexts, cases. Upper Saddle River: Prentice-Hall, 1996. p. 293.
5. LATHAM, G. P. Goal setting and task performance. *Psychological Bulletin*, v. 90, jul.-nov. 1981, p. 125-152.
6. BLECHER, N. Gente que faz a diferença. *Exame*, v. 655, 11 fev. 1998, p. 94-95.
7. LOCKE, E. A. *et al*. Effect of self-efficacy, goals, and task strategies on tark performance. *Journal of Applied Psychology*, maio 1984, p. 241-251.
8. LOCKE, E. A.; LATHAM, G. P. Work motivation and satisfaction: light at the end of tunnel. *Psychological Science*, v. 1, n. 4, jul. 1990, p. 240-246.
9. SCHERMERHORN JR., J. R. *Management*. New York: Wiley, 1996. p. 353.

Acesse à Sala de Aula Virtual para obter conteúdos complementares e aprofundar seus conhecimentos sobre o tema deste capítulo.

3 ESTRATÉGIAS DE TRANSFORMAÇÃO

É Preciso Mudar!

Francisco Gomes de Matos

3.1 TRANSFORMAÇÕES RADICAIS SÃO ACONSELHÁVEIS?

A liderança muitas vezes se depara com a necessidade de ter de destruir o que fez e imediatamente reconstruir. Isso exige humildade e determinação. O que foi ótimo em uma situação pode ser péssimo quando a conjuntura muda e as exigências tornam-se outras.

A falsa liderança, no entanto, agarra-se por orgulho "ao que construiu", vive o passado... e acaba morrendo com ele. O conservadorismo sempre liquidou organizações, mas hoje, mais do que nunca, em uma sociedade em transformação acelerada, permanecer significa obsolescência e fracasso.

A máquina de escrever, por exemplo, não quis reconhecer o computador que estava chegando. Ela tentou se readaptar como "produto" e se tornar "inteligente", quando as mudanças eram em sua própria concepção e essência. Isso ocorreu com a borracha, ao ser substituída pelo vidro e pelo papel, e todos eles pela "revolução do plástico". Milhares de empresas "rolaram" na miopia estratégica. Os exemplos, que já são abundantes, bem como fastidiosos, continuam ocorrendo.

Arrogância, teimosia, ignorância. Falta visão, por falta do hábito de pensar. Falta leitura e reflexão em equipe. Logo, não há Pensamento Estratégico. Não se estruturam cenários, nos quais seriam visualizados riscos, transformações, ameaças e oportunidades. Organizações caducas são intoleráveis. Mas o radicalismo resolve?

Paul Valèry, um poeta realista, dizia que duas coisas têm prejudicado tremendamente a humanidade: a ordem e a desordem.

Em termos organizacionais, a ordem extrapolada gerou um monstro, a burocracia, e com ela criaram-se ditaduras e mastodontes estruturais. A autocracia, por meio da centralização do poder, serve-se dela até hoje para manipular inteligências e vontades. Tecnocracias e regimes escravocratas fazem da ordem, mal concebida e mal direcionada, um instrumento para perpetuar privilégios e racionalizar mediocridades.

Em extremo oposto, a desordem está muito próxima de ser também um recurso manipulativo, na linha maquiavélica de dividir para governar. "Afinal, alguém precisa impor autoridade...".

A **Teoria do Caos Assumido** vem ganhando espaço na Administração, na galeria dos iconoclastas. Para muitos, destruir tem certo charme, enquanto reconstituir pode vir a ser algo inalcançável e frustrante.

Michael Hammer, ao propor a definição de reengenharia, chama a atenção para quatro palavras-chave: fundamental, radical, drástica e processo.

Radical e **drástico** são termos de forte apelo, normalmente usados perante as ineficácias e perdas em situações de irritação e desespero.

A tentação de se zerar tudo e recomeçar, sem que haja uma estratégia amplamente negociada, traduz certo traço de violência e arrogância que se aproxima muito da tendência autocrática. Dar um "pontapé" na situação! O problema é que pessoas estão envolvidas na situação, seres humanos individualmente responsáveis, embora, muitas vezes, condicionados às organizações irresponsáveis, que não têm liderança nem ideais democrático-participativos.

É bom lembrar os muitos "democratas de carteirinha" que, na hora de agir, comportam-se como autocratas empedernidos, como na fábula do lobo com pele de cordeiro.

Não temos a intenção de fazer uma crítica simplista às "reengenharias". O que nos preocupa é enfatizar que a renovação do sistema gerencial, considerado em termos de reeducação, não é "algo tão demorado que não vale a pena". Esse é o pensamento dos descrentes na potencialidade humana. Eles dizem: "O homem é um ser complexo, daí ser preferível trabalhar com tecnologias". Isso explica por que tantas reformulações retumbantes não resistem ao médio prazo.

Quem não reconhece que a estrutura da Administração Pública deva ser radicalmente transformada? É evidente que sim! Na organização burocratizada, o estado de injustiça é total para quem nela está e para quem dela deva se servir. A improdutividade, a ineficiência e a ineficácia criam a cultura da inércia e do mínimo para sobreviver. Um choque cultural pode ser benéfico com uma consistente estratégia. Como os riscos são grandes, não pode ser uma terapêutica de boticário: ações reativas à base da pura intuição, do desespero e da truculência.

> **SAIBA MAIS** — **Radicalidade e a drasticidade**
>
> A radicalidade e a drasticidade, como princípios de ação a uma reengenharia de processos sem que se considere o sistema global, são uma prática temerária comum, cujos resultados ilusórios podem significar, adiante, grandes perdas. No livro de Thomas H. Davenport, *Reengenharia de processos*, temos um exemplo: "O Citicorp reduziu o prazo de aprovação de algumas hipotecas para 15 minutos". Mais adiante confessa: "Embora prejuízos recentes em seu banco operacional revelem que ele também poderia otimizar seus processos relacionados à solidez e prevenção de riscos".

A racionalização isolada, mesmo de processos-chave, não garante a qualidade total aos requerimentos do cliente. O tempo e a eficácia em atendê-los serão decorrentes de um processo emperrado pelos trâmites burocráticos? Ou será pela inércia decisória, fruto da atitude centralizadora e autocrática da direção? Ou pelo clima organizacional, contaminado pelos condicionamentos inibidores à capacidade de decidir dos executivos?

Diagnósticos do planejamento e da execução participativa são imprescindíveis ao êxito de qualquer intervenção organizacional. Desconsiderar isso é desmerecer os valores humanos como função estratégica essencial.

Uma grande organização, há três anos, passou por um processo revolucionário de quebra de paradigmas e violenta reformulação estratégica de mercado. Todas as ações tiveram muita cobertura publicitária, reportagens e entrevistas. Recentemente, um de seus dirigentes procurou-me como consultor, trazendo alguns problemas vitais associados a "áreas críticas" que não estavam correspondendo ao esforço intensivo de produção. O velho conflito com roupagens novas: um marketing agressivo e a organização humana preterida; o esforço de produção em descompasso com a realidade interna hostil. Era a cultura – espezinhada, trôpega, ressentida – respondendo. "Naquele momento era imprescindível uma intervenção drástica", disse-nos o diretor. Respondi-lhe que sim, que o problema estava no "como".

Em uma organização viciada por um clima de insegurança, desconfiança e desmotivações, a estrutura ineficiente é reflexo, e não necessariamente causa dos insucessos. Promover radical reengenharia de processos como manifestação histérica de desespero para tirar a empresa do "vermelho" pode produzir resultados imediatos e uma grande frustração logo depois. Após o clima de festa, vem a ressaca cultural. A violentação dos valores, os ressentimentos ignorados, os traumas tidos como "pedagógicos", como eufemismo às perdas de posição e poder, acabam por significar desmotivação para a maioria, em contraste com a euforia dos poucos empreendedores das mudanças. Os resultados favoráveis podem vir a ser alucinógenos e obscurecer as realidades internas negativas, que emergem perigosamente nos momentos agudos de crise. Mil vozes discordantes atendem ao chamado. Não havendo liderança integrada, não há consenso nem sinergia para as mudanças.

Realiza-se a experiência de reformas e reestruturações no grito. Mais uma vez o ancestral autoritarismo entra em ação, em detrimento do estilo participativo e do envolvimento efetivo e harmonioso dos interessados no problema.

Sinto no espírito de muitas propostas e aplicações de "reengenharias" um certo gosto pelo "conflito armado" quando as reformas são propostas. Há "inimigos ocultos" que nem sempre são aqueles identificáveis no processo e tantas vezes personalizados como os "bodes expiatórios", logo suprimidos.

Não se tem uma estratégia consistente, pois, em geral, não se promove um diagnóstico acurado da situação. Atém-se, quando muito, à análise dos aspectos estruturais, no enfoque embora importante, mas não isolado – de Organização e Métodos (O&M). Daí, provavelmente, o fato de o próprio Michael Hammer reconhecer que 50% a 70% dos projetos de reengenharia não tenham conseguido os resultados previstos.

Há décadas alertamos em nossos livros sobre a despreocupação da empresa em tornar o diagnóstico organizacional uma atividade permanente e em desenvolver a capacidade diagnóstica dos executivos. Essas omissões explicam as habituais atitudes reativas como resultado do treinamento de "ratinhos de laboratório", reagindo aos estímulos do mercado próximo. Não reagem com respostas inteligentes aos desafios da transformação. Ver além das aparências e do impacto dos acontecimentos pressupõe executivos educados para a percepção das causas reais.

Não se planeja estrategicamente. Daí a falácia: "É impossível planejar na instabilidade e na crise"; "dentro de alguns anos estaremos todos no cemitério". São racionalizações para encobrir a incompetência, mascarada como "agressividade" e como "capacidade empreendedora". A inteligência intuitiva, tão proclamada orgulhosamente, sem a formação adequada, produz sucessos até que ocorra o fracasso total. Esse é o preço da improvisação e da falta de estratégia.

> Sem visão diagnóstica, embarca-se na proposta sem reconhecer o conteúdo.

O pouco hábito de se planejar revela um fenômeno que temos denunciado nas empresas como muita ação e quase ou nenhum **espaço à reflexão**. Pensa-se pouco nas organizações. Há muito mais selva que vida inteligente, em que o instinto de sobrevivência, os conflitos estimulados, a competição predatória, o vencer ou vencer, o amarrar-se a privilégios e acomodações e manter o poder a qualquer preço formam um pano de fundo colorido, nem sempre visível ao público-cliente.

Amor, amizade e fé, que são os fatores mais importantes do relacionamento harmonioso e da eficácia organizacional, não são considerados, ou melhor, são tidos como não empresa, algo incompatível, como em rigor, por consequência, também a ética e a cidadania.

Em muitas empresas, fala-se em "reengenharia" quando nem bem se experimentou, com seriedade, uma engenharia organizacional.

A organização formal nem foi rigorosamente aplicada e reavaliada, e advoga-se a informalidade total. Significa o mesmo que pregar a desburocratização sem se questionar o modelo burocrático. Ou, então, verberar o autoritarismo sem dignificar o princípio de autoridade, sem o qual nada se constrói de duradouro. Significa sair de um formalismo "burro" para um informalismo "burro".

PARA REFLEXÃO

Reformas

Um grupo discutia sobre a necessidade de reformas radicais. Havia oposições. Uma das chefias mais entusiastas pelas mudanças usou um argumento que julgava não ter resposta: "Tenho o apoio do presidente!".
Outro perguntou, com a aprovação tácita de todos os demais: "E você, acredita no presidente?". O projeto morreu aí.

Fingir que muda para não ter de mudar. Esse é um dos piores artifícios; gera a descrença que se institucionaliza, formando a "cultura da casa", aquela que justifica a incredibilidade para tudo que significa mudança. É o império do conservadorismo, mascarado em modernismos epidérmicos. Quando se propõe algo mais profundo, vem a objeção inapelável: "Isso contraria a cultura da casa...".

A avaliação da cultura – não o eufemismo citado anteriormente – é, todavia, o enfoque básico a ser considerado em qualquer transformação. Sem cultura e clima de participação, nenhuma mudança tem continuidade, nenhuma "reengenharia" subsiste às primeiras crises, por causa do seu artificialismo tecnológico.

É preciso que se pense seriamente nisso para que não se incorra nas frequentes aventuras enganosas, que acabam significando retrocessos irreversíveis, com muito desgaste humano, perdas de tempo e de oportunidades – e não avanços.

> Vale o alerta: na desobediência à cultura, o preço pode ser a sobrevivência.

Fazer a coisa errada... pode dar certo é outra **síndrome** iconoclasta que venho identificando em alguns gerentes como atitude arrogante e, em outros, como puro esnobismo. Em um exercício de criatividade, do tipo *brainstorming*, pode ser até recomendável para simular situações críticas e testar soluções não convencionais e inovadoras. Todavia, quebrar paradigmas não é trabalho para amador nem comporta improvisações.

A supressão de uma "verdade" implica proposta consistente de uma **nova verdade**, que será realmente genuína à medida que for uma **verdade comum**. Aceita, compartilhada, consentida.

A exclusão, como princípio, não pode ser confundida com a postura questionadora que dá origem à criatividade.

É preciso saber distinguir entre a análise crítica, a partir do **homem como agente transformador**, e a ênfase em processo, quando **a pessoa atua como paciente**. Em suma, a situação em que a pessoa gera a ação e a situação em que ela é manipulada para a ação.

Há uma diferença essencial em mobilizar recursos para sensibilizar e treinar as pessoas na execução das reformas e em desenvolver o espírito crítico e a estratégia para mudar.

No primeiro caso, há um mal disfarçado princípio de prepotência: "Esta é a verdade. Vocês deverão doravante agir dessa e dessa maneira".

Na hipótese de desenvolvimento, predomina a participação: "Os processos atuais comprovadamente não satisfazem. Vamos encontrar juntos uma nova maneira de realizá-los. Vamos discutir essa nova proposta...".

Na abordagem autocrática, que é a mais frequente, pretende-se alcançar motivações e adesões discutíveis, por meio de uma **coação colorida**, ou seja, envelopada por uma retórica persuasiva, quase sempre grandiloquente, do tipo "salvação da pátria". Usa-se e abusa-se do **endomarketing**, acreditando-se que as pessoas sejam facilmente sugestionáveis por longo período. Como o objetivo é trabalhar emoções para vender as novas tecnologias, tudo bem enquanto houver sucesso e palmas. No caso de qualquer fracasso, o efeito é devastador. Frustrações e mágoas vêm à tona inapelavelmente. Todos os sacrifícios com as transformações são cobrados em dobro. Começa, então, o festival de "caça às bruxas", pois ninguém quer ser pai do fracasso; sempre o outro é que é o responsável.

> **PARA REFLEXÃO**
>
> **Tempos malucos, empresas malucas**
>
> As justificativas de Tom Peters, de "tempos malucos, empresas malucas", sem um exame acurado, indicarão o crescimento da indústria dos "sanatórios". Pode-se prever que aumentarão a picaretagem e o charlatanismo que acompanham inelutavelmente os momentos de demanda intensa de "salvadores".

Não significa que sou contra a reengenharia de processos, exigência básica ao se redirecionar a organização para o cliente. Este é o ponto lógico e essencial de referência a qualquer programação: satisfazer plenamente o cliente é estratégia de sobrevivência, expansão e perpetuidade. E isso é inviável com estruturas burocratizadas, cuja forma se sobreleva ao objetivo. Contudo, se a ênfase no cliente não for um valor conscientizado na organização, se não fizer parte da cultura da empresa – sendo uma atitude habitual –, pouco valerão as transformações empreendidas.

> **PARA REFLEXÃO**
>
> **O cliente tem sempre razão**
>
> Um empresário de grande porte, ao voltar de um seminário no exterior, realizado por uma das maiores expressões no marketing, subestimou o resultado. "Paguei uma fortuna para ouvir o que meu avô já dizia: **'o cliente tem sempre razão'**. Dos ensinamentos, nada ficou além da frase, com a qual o avô conseguiu transmitir dimensão e ele não foi capaz de perceber, com as palestras que ouviu, suas implicações profundas.
> Na época, o empresário estava "apoiando" um processo de reengenharia em sua organização...
> Uma grande organização promoveu uma extensa reformulação modernizadora. Mudou diretores, mudou de sede, jogou fora todas as "velharias" – incluindo pessoas, móveis e tecnologias superadas. Mudou a estrutura, os processos e todo o visual. Investiu intensamente no marketing de imagem em anúncios, entrevistas e reportagens. Em dois anos, os números teimavam em tingir-se de vermelho, com prejuízos insuportáveis. Não se investiu em mudança cultural, permanecendo a atitude mental obsoleta com roupagens de "quinta avenida". A solução foi vender o que sobrou.

Sem reeducação empresarial, as reformas correm o risco de se tornar um embuste, como, em rigor, qualquer processo revolucionário – fenômeno bem conhecido, mas pouco conscientizado nas reestruturações, concebidas como salvadoras nos momentos insuportavelmente críticos. Reestruturar como alívio de tensões neurotizantes, sem um diagnóstico confiável e uma estratégia que seja fruto da participação e do consenso, é, infelizmente, prática corriqueira e desastrosa.

Confesso que, em meus primeiros anos de consultoria, participei ingenuamente, sob pressão, dessa dança enganosa envolvendo muita movimentação e histeria, que acabava sempre em novas reestruturações.

Lembra a história do administrador fracassado que passa o cargo ao seu sucessor, enviando-lhe três cartas? Na primeira, recomenda que promova uma grande campanha de marketing. Caso não dê certo, sugere, na segunda carta, que se desenvolva uma reestruturação radical. Se esta fracassar, recomenda na terceira, como último recurso, dirigir três cartas ao seu sucessor...

Outro aspecto importante a ser analisado é a distorção frequente no trato da informação. Abraham Seidmann, da Universidade de Rochester, aponta a informática e a concorrência acirrada como forças motrizes da reengenharia, forçando as empresas a rever suas formas de organização.

Essa observação e a de Peter Drucker, de que "o comando e o controle não mais imperam, a informação é, hoje, o princípio organizativo", exigem uma reflexão mais profunda.

Utilizar a informação para consolidar uma organização sistêmica é o desejável, sem que se prive do sentido da valorização humana. Frequentemente, porém, negligencia-se essa parte na Teoria de Sistemas, enfocando o "indivíduo dentro de um grupo". Busca-se a eficiência fazendo uma espécie de nova ordem burocrática. Pensa-se na integração tecnológica, e não humana.

Não é a informação que integra, mas o homem informado e formado no sentido da valorização do profissional em equipe. A informação é instrumental, cabendo às lideranças aplicá-la a serviço das competências e das interações intra e intergrupais. É preciso que haja alma, senão se estará promovendo uma mera substituição de tecnologias, com agravamento do fator humano.

Reformas sem reeducação empresarial podem não ser mais que o velho taylorismo insepulto até hoje, ressurgindo com toda a força, com roupagens renovadas.

O espírito mecanicista presente na visão de Taylor, sem Fayol nem Ford, pode representar, como no passado muitas vezes ainda presente, eficiência sem a eficácia humana, a "racionalização" sem a real produtividade, a redução do custo imediato e a perda da confiabilidade, por frustrações e ressentimentos.

Quando, em nível nacional, propunham-se programas de desburocratização, apregoando-se resultados fantásticos de redução do papelório asfixiante, alertávamos, insistentemente, para os efeitos ilusórios e o **consequente fenômeno bumerangue**.

> Pela pressa em obter resultados, embarca-se no modismo e foge-se do essencial.

Se as causas não forem atacadas (o modelo de burocracia como estrutura básica e de conceitos, conformando as atitudes das lideranças), a burocratização ressurgirá sob mil formas. Foi o que se viu, desacreditando inteiramente as programações. O "pensar burocrático" como manifestação cultural de uma realidade de burocracia, que está no subconsciente das organizações tal sua referência conceitual secular, não pode ser descuidado, sob pena de invalidar os esforços "radicais e drásticos". O preço de qualquer revolução é caríssimo. De repente, os ganhos ínfimos são lamentados diante de perdas bem maiores, sem que se admita a drasticidade; sem a reaprendizagem como a causa real dos insucessos. "Não havia outro jeito", racionalizam para justificar.

Um processo de reeducação empresarial, que expressa um Pensamento Estratégico de renovação contínua, não é algo lento, mas um processo acelerativo que implica acréscimos de valor à base de permanente visão diagnóstica e estratégica. São o repensar contínuo e o agir transformador.

Repensar é aprender a pensar criativamente, a quebrar paradigmas, e a reformular conceitos e práticas. Aprender a desaprender e a reaprender para inovar é a essência da criatividade. Resulta daí a renovação contínua.

Reeducação empresarial tem por enfoque fundamental a cultura, os valores que orientam e motivam a ação, reavaliando-os e reformulando-os. Nessa linha é que entram os conceitos de gerência diagnosticadora e estratégica – o gerente educador – e a empresa como comunidade **vivencial de aprendizagem**. Todos educam/ensinam e são educados. Essa é a essência da educação permanente graças a um sistema de liderança integrada.

Dentro dessa perspectiva é que concebemos o conceito **de estratégia de empresa**, diferenciando-a de estratégias empresariais. Enquanto estas atuam de modo segmentado, de maneira caracteristicamente reativa, em face das necessidades e transformações conjunturais, a estratégia de empresa implica visão integral, incorporando valores (filosofia), orientações (políticas) e linhas de ação (estratégias).

Tem-se medo da coerência. Acredita-se que o compromisso com valores pode impedir mudanças. É exatamente o contrário.

Sem estratégia de empresa qualquer mudança fica à mercê de interesses personalísticos, vantagens circunstanciais, crises momentâneas e ambições de cunho corporativista, pois não há comprometimento com verdades comuns.

É o engajamento, a crença nas verdades coletivas, que torna uma equipe sólida, solidária, comprometida, capaz de todos os sacrifícios, pois permanece consciente do que deve ser feito, principalmente em momentos críticos.

Isso pressupõe adesão à causa comum, fruto de um sistemático investimento em educação empresarial. Não é uma afirmação lírica e uma intenção romântica. Implica consistência organizacional para a coerência operacional.

É mais fácil prevenir crises existenciais graves do que viver ao sabor de estratégias de crise, o que ocorre quando não há filosofia e valores consensados, políticas norteadoras e estratégias participativas.

Essa participação necessária não é sinônimo de muito falatório, mas de uma prática cultural implicando um ambiente motivador. Desse ambiente resulta a experiência de se conviver em harmonia.

Não que não se deva promover revisão profunda ou até mesmo radical, e, acredito, drástica nos processos para otimizá-los, mas a questão é a maneira de fazê-lo e as condições que a justificam.

Segundo a recomendação de Peter Drucker, trabalhem em uma área em que exista receptividade para mudanças, como, por exemplo, o relacionamento entre o setor de vendas e o setor de serviços em uma empresa que vende produtos tecnicamente sofisticados e que exige muita manutenção e serviços. Procurem por uma área em que o executivo encarregado esteja ansioso por mudanças, mas que também seja altamente respeitado dentro da organização. Receptividade para mudanças e respeitabilidade do líder. Podemos acreditar que ambas decorrem de um continuado esforço educativo na formação de equipes e na integração das lideranças.

Embora em si a abordagem setorializada não seja inválida, sem que se considere a perspectiva global, corre-se o risco de desequilibrar o sistema e, conforme sua dimensão e radicalidade, implodir o próprio sistema, gerando o caos e acentuando os conflitos e a desintegração das lideranças.

Michael Hammer afirma que "a reengenharia significa jogar fora os sistemas antigos, começar de novo e inventar uma maneira melhor de fazer o trabalho".

Don Wilson, do Instituto Rochester de Tecnologia, todavia, falando sobre a reengenharia, adverte que "como todas as tendências, é preciso muito trabalho e perseverança. Não é uma solução rápida", e isso precisa ficar claro. Reengenharia demanda investimento, que certamente não vem sendo usado na reeducação empresarial.

Peter Drucker, ao reconhecer que a reengenharia é uma necessidade, pois "a grande maioria das empresas, hoje, está obsoleta", tenta explicar por que ela não tem produzido resultados na maior parte de suas aplicações.

Segundo ele, há três razões. Primeiro, há a crença de que a reengenharia é uma solução rápida. Drucker adverte que a pessoa que pensa assim é charlatã e deve ser evitada. A segunda razão é tentar envolver imediatamente todo o negócio, quando este é o objetivo final do processo; e a terceira é a meta não ser suficientemente ambiciosa, limitando-se a pequenas melhorias no que está sendo feito, e não transformando-o em um negócio totalmente diferente.

Vejo nas colocações do mestre a visão cultural transformadora, o repensar e o reeducar. Desaprender o velho para criar o novo. Não pode ser uma intervenção anárquica, que perpetue o caos, para se viver de maneira masoquista sob o império do abismo, por meio de estratégias de crise, como parece ser a vocação de muitos.

A despreocupação com a cultura organizacional e com um efetivo envolvimento e valorização dos seres humanos, que está implícito na radicalidade e na drasticidade, reforça a resistência às mudanças e aos conflitos destrutivos.

Daí ser a reeducação empresarial a estratégia essencial para um esforço de modernidade voltado para a plena satisfação do cliente.

A reeducação empresarial apoia-se em quatro grandes linhas, segundo estamos enfocando:

1. **Liderança integrada**: significa investir no compromisso dos diretores com verdades comuns, ou seja, na existência de uma estratégia de empresa, com a qual se firme a corresponsabilidade com a filosofia da organização, suas políticas e estratégias. Ou seja, crenças, valores, orientações e linhas de ação.

2. **Postura de gerente educador**: um amplo programa educacional para que o gerente assuma seu papel de líder de equipe, agindo com a atitude e a utilização das ferramentas de um educador: integrando as pessoas pela comunicação, desenvolvendo-as pela delegação e pela criatividade, estimulando-as à visão crítica para a melhoria da estrutura para os negócios.
3. **Comunidade vivencial de aprendizagem**: pela atitude e comportamento do gerente como educador, criam-se a cultura e o clima favoráveis à concepção da empresa como uma comunidade em que se vivencia a aprendizagem permanente: todos educam e são educados.

   Em uma visão sistêmica de empresa, todos exercem simultaneamente as funções de "fornecedores" e "clientes", em uma perfeita interdependência. Todos estão prestando serviços que são insumos para o trabalho do outro. Essa dinâmica dá sentido à organização. Compreendê-la e exercitá-la é essencial à eficácia e à produtividade. O instrumento básico é a negociação gerencial como força educativa. O resultado é a empresa como comunidade vivencial de aprendizagem, realizando o ideal da renovação contínua por meio da educação permanente no trabalho.
4. **Visão diagnóstica e estratégica**: o grande ganho de um esforço concentrado de educação empresarial é a conquista das visões diagnóstica e estratégica pelos gerentes. Profissionais educados, em uma dimensão sistêmica, têm suas percepções aguçadas para as transformações, detectam problemas e oportunidades com maior clareza e agilidade e têm condições estratégicas de agirem prontamente.

O diagnóstico e a estratégia, repito, não são práticas episódicas, mas um exercício permanente, por meio da reflexão em grupo, reforçada pelas observações diárias dos executivos.

É preciso que se estabeleçam, na formação da cultura de participação, os instrumentos e os canais de comunicação adequados. Não são poucas as organizações em que os executivos-chave se reúnem diariamente – como no café da manhã – para avaliações críticas e orientações. O importante é que tais práticas componham uma rede integrada por uma estratégia sistêmica, com metas e objetivos negociados e avaliados permanentemente. A constituição de um comitê estratégico é fundamental.

A reeducação empresarial incorpora o conceito de qualidade total como objetivo, integrado ao conceito público da empresa – sua imagem institucional. Essa é a condição essencial à perpetuidade.

3.1.1 Bom senso em gerência – como integrar, obter a cooperação espontânea e a sinergia da equipe

Ser gerente é manter uma equipe integrada e coesa em torno de objetivos. Ser líder é tornar a integração e a coesão resultantes da adesão espontânea.

A partir dessas premissas conceituais, procuramos construir o perfil de gerente-líder como o daquele que trabalha com a formação e o desenvolvimento de equipe, utilizando, em essência, os seguintes recursos:

- planejamento;
- comunicação;
- negociação;

- delegação de autoridade;
- criatividade aplicada;
- avaliação do desempenho;
- relacionamento interpessoal amistoso, buscando construir clima afetivo e aberto (felicidade no trabalho);
- educação contínua no trabalho (conceito de gerente educador);
- descoberta de talentos e renovação das lideranças.

3.1.2 Ao exercer as funções de liderança, o gerente qualifica-se como um líder

O líder no trabalho não se define por traços caracterológicos – personalidade de líder, carisma –, mas por meio da gerência que exercita as funções típicas de liderança.

Nenhum gerente poderá dizer que não está plenamente habilitado a ser líder. É líder quem autenticamente quer ser líder. A liderança está ao alcance de todas as gerências.

A liderança é conquistada no dia a dia do relacionamento entre gerente e equipe, com paciência, determinação e tenacidade.

Nesse sentido, todas as gerências devem ser líderes. É uma condição intrínseca ao exercício do poder. Os programas de "desenvolvimento gerencial" só têm lógica se, essencialmente, enfocam e exercitam essa condição.

Como examinamos antes, as funções de um líder são, basicamente, as mesmas de um educador:

- trabalhar com pessoas, valorizando-as;
- negociar com elas objetivos e metas;
- motivá-las à ação e obter a sinergia grupal pela integração (identificação com os objetivos e forte afetividade);
- prepará-las para a delegação de autoridade;
- avaliar seus desempenhos;
- reconhecer pragmaticamente os resultados conseguidos;
- administrar conflitos;
- buscar o acordo em relação às verdades comuns.

Enfim, contribuir para a cultura aberta à renovação contínua – clima participativo – e ser o agente estimulador de uma produtividade crescente.

3.1.3 Refletindo sobre relacionamento gerente-equipe

A sequência de tópicos apresentados a seguir condensa aspectos essenciais do relacionamento gerente-equipe, que são adaptados de nosso livro *Estratégia de empresa* e vêm sendo intensamente utilizados em seminários para reflexões em subgrupos e reforço conceitual.

Os tópicos apresentados não visam esgotar uma pedagogia de liderança, mas alertar as gerências sobre a essencialidade de seu papel em motivar e integrar equipes rumo à produtividade. Para tanto, procuramos esboçar esse quadro de reflexão para leitura em grupo, voltado para a análise crítica de valores, atitudes e comportamentos.

Equipe comprometida

Quando todos estão conscientes de seu papel e de suas responsabilidades, não há espaço para o estilo autoritário ou autocrático.

> **DICA**
>
> Bom senso em gerência significa que a virtude básica de liderança é a humildade, que consiste na disposição em aprender e construir junto com a equipe.

É imprescindível que o gerente-líder se identifique com sua equipe, saiba de suas aptidões, conhecimentos, experiências e aspirações. Enfim, que conheça o potencial do grupo para motivar seu desenvolvimento.

Significa ser sua função relevante **desenvolver**:

- excelentes talentos;
- excelentes desempenhos;
- ótima produtividade.

Fazer porque quer, não porque mandam, é a situação idealmente desejável: expressão de um profissional automotivado e em processo de autorrealização. Um grupo é maduro quando esse sentimento predomina entre seus membros, fazendo prevalecer a contribuição criativa e tornando a delegação um instrumento normal de gerência.

Há, frequentemente, nas situações de trabalho, um contrassenso: os gerentes dependem da contribuição de sua equipe para o atingimento de metas, mas desconhecem o real potencial de força de cada participante.

O pior é que pensam que conhecem, mas jamais se detiveram em se habilitar a avaliações e desenvolvimentos – não burocráticos – dos talentos existentes em seu grupo. Não basta preencher periodicamente "questionários avaliativos" nem "medir metas alcançadas", tampouco programar cursos formais. O conhecimento nasce da convivência, da dinâmica relacional, da observação crítica, da análise das forças e fraquezas e da negociação dos objetivos de desenvolvimento. Ou seja, do acordo, com a mútua responsabilização por resultados crescentemente superiores.

O gerente, ao se identificar com sua equipe – em objetivos, técnicas e sentimentos –, exerce seu papel de líder.

Mandar versus obedecer

Ao se posicionar como "dono da verdade", detendo toda a informação e assumindo todas as decisões, o gerente recebe da equipe desmotivada a acomodação e a irresponsabilidade.

A dominação produz subordinados passivos. A gerência autocrata e dominadora anula o interesse dos subordinados em cooperar, promove antagonismos que, quanto menos revelados, por insegurança e medo, mais são prejudiciais.

O conflito no trabalho, não administrado, é a principal causa de improdutividade grupal.

A gerência dominadora leva o grupo aos "solavancos", à base do "empurrão", exigindo-se vigilância constante quanto a procedimentos e prazos, pois ambos tendem a ser relaxados com a ausência da supervisão direta.

> **PARA REFLEXÃO**
>
> **Assumir riscos**
>
> "Afinal, por que assumir riscos e responsabilidades se a gerência não nos ouve nem nos apoia, não nos prestigia nem reconhece nossos esforços?" Torna-se comum esse tipo de racionalização, para evitar comprometimentos.

A dominação impede o crescimento e gera a revolta. O ambiente carregado pela frustração torna-se apático e monótono, só se obtendo resultados à base da coação e do controle permanente.

1. **Pense**: o estilo autocrático é comumente reprovado, em tese, e praticado na atividade gerencial, com desastrosos efeitos sobre o moral da equipe e a produtividade.
2. **Reflita**: veja se você não está sendo autocrata e examine como melhorar sua liderança.
3. **Faça**: um levantamento de seu comportamento gerencial, registrando os prós e os contras, para reforçar uns e combater outros.
4. **Procure**: pesquisar honestamente as opiniões de seus subordinados, colegas e superiores a respeito de suas atitudes.

O autocrata manda e, em rigor, só exige obediência. O resultado é, comumente, a inércia ou o ativismo burocrático, formalístico e estéril. Em grupos imaturos, quando a pressão pode levar a resultados provisórios, tão logo relaxe a imposição, a produtividade decresce. Pessoas e grupos não possuem a maturidade necessária para arcar espontaneamente com compromissos e responsabilidades.

Todavia, o dirigente participativo, partindo da crença no colaborador, estimula suas forças positivas, motivando-o ao crescimento. Não se trata de tentar "vender" uma orientação, que não deixa de ser uma forma sutil de imposição, mas de educá-lo para a contribuição, envolvê-lo em processos não convencionais, despertá-lo para a percepção e as vantagens das mudanças produtivas, para a iniciativa e a ação responsáveis.

A diretriz essencial de eficácia em gerência consiste em realçar a responsabilidade do gerente como educador. Nisso resume-se a essência da liderança.

Delegação – instrumento essencial de liderança

Sem delegação, ninguém se sente responsável. A consequência imediata é a perda da iniciativa e da qualidade.

Aprende-se a delegar delegando. Comece hoje! Não se deixe iludir pelo falso dilema: "não tenho a quem delegar". Isso explica, apenas, a incompetência gerencial em liderar equipes, em transmitir conhecimentos e desenvolver habilidades.

Conhecendo sua equipe, as forças e fraquezas de seu pessoal, a gerência pode estabelecer um programa racional de treinamento para a delegação.

À medida que cada um se desenvolve, amplia-se o âmbito das responsabilidades, com autoridade.

Com a delegação, há um acordo gerente-liderados com relação ao risco. Se há transferência de autoridade, com o estabelecimento das corresponsabilidades, está implícita a aceitação do erro como função pedagógica. Afinal, só os paranoicos se consideram perfeitos. Só não erra quem não tenta. A regra prática é: erre, mas procure errar cada vez menos. A persistência no erro é que deve ser preocupante. E, com o acompanhamento da gerência (não confundir com feitoração, manipulação ou paternalismo), o erro estará bastante minimizado.

A gerência, ao centralizar atividades, colocando-se como executora de matéria transferível, marginaliza os subordinados e os torna dependentes, imaturos, desmotivados e inoperantes.

Por outro lado, o gerente, ao se situar em um mesmo nível de atividades, compete com quem deveria liderar. O relacionamento entre os funcionários vai se desgastando, a omissão é estimulada e, no final, só prevalece o binômio mandar/obedecer. Iniciativa e criatividade não só são desestimuladas, mas também recebidas com impertinência ou indisciplina.

É por meio da delegação que a gerência realmente lidera e propicia o crescimento de indivíduos e equipes.

Conhecer os liderados

Conhecer as potencialidades de sua equipe, os talentos a serem desenvolvidos e as limitações e deficiências a serem corrigidas é fundamental à produtividade.

É evidente que a gerência, para poder desenvolver estilos adequados de liderança em relação aos seus liderados, precisa conhecê-los, diagnosticando cultura, habilidades e nível motivacional.

Um subordinado cuja preocupação básica é segurança estará voltado naturalmente para a estabilidade. Os desafios, por envolverem riscos, não serão recebidos com tranquilidade. Já o empregado em uma escala de maturidade mais avançada, em que predominam os sentimentos de autoestima e prestígio, não só está propenso a aceitar como a buscar o desafio como forma de realização. Cada funcionário é um tipo de existência e exige tratamento específico, para que do adequado relacionamento surjam os resultados esperados.

O tratamento gerencial aos subordinados não pode ser massificado, sob pena de insucesso. Além de desrespeito à dignidade humana, significa improdutividade certa.

Relacionamento humano

Relacionamento humano não é um capítulo do manual de organização, é o interesse vivo de pessoas; pressupõe reciprocidade.

A regra cristã do "amor ao próximo" funciona em qualquer momento, em qualquer situação. Essa máxima completa-se na célebre oração de São Francisco, ao realçar que, quem mais tem, mais pode dar. Rigorosamente, a gerência está em uma posição superior, portanto em melhores condições para oferecer. Ser líder é servir.

Todos os seres humanos necessitam sentir que são apreciados, bem-aceitos, prestigiados.

As pessoas, quando não se entendem no plano afetivo, dificilmente se encontrarão no plano racional. Haverá sempre motivos para justificar divergências, cuja origem não está em incompatibilidades técnicas, mas em dificuldades no relacionamento humano. Antipatias, preconceitos, mal-entendidos, julgamentos precipitados por desinformação e idiossincrasias vão enfraquecendo a necessária integração de um grupo, pois a gerência não estabeleceu um clima de abertura, compreensão e espontaneidade.

Igualmente, o comportamento frio ou estereotipado, de falsa camaradagem, leva as pessoas a reagirem com desconfiança. As pessoas não são exclusivamente técnicas, puros profissionais: necessitam de afetividade e de ambiente em que possam exprimir sentimentos e valores humanos.

O congraçamento no trabalho, nos momentos de lazer, na comemoração de aniversários, a preocupação sincera com um problema pessoal (sem cair em assistencialismos improdutivos), a amizade, "sem intimidades", são práticas que ajudam as pessoas a se relacionarem e as gerências obtêm daí maior compreensão e simpatia para o exercício da liderança.

Admitir falhas

Ninguém é infalível; admita falhas. O perfeccionista é o antiadministrador.

- Ao tratar da delegação, referimo-nos à função pedagógica do erro. Vale a pena insistir. Esse é um preceito prático de grande importância na função gerencial. O erro é uma contingência natural do processo educativo, e a relação chefe/subordinado é grandemente orientada por princípios educacionais. O que o gerente faz de mais expressivo no desempenho de suas atividades é de cunho marcantemente educativo. Ou o gerente é um educador, ou não é gerente; é um simples "encarregado".

- Assim, da mesma forma que o subordinado é passível de erro, o gerente também o é, embora muitos ajam desastrosamente como se fossem infalíveis. A gerência, ao admitir honestamente seus erros (a não ser que estes sejam habituais), se engrandece junto aos subordinados. A distância social entre gerente e subordinados fica menor quando as limitações técnicas e humanas são compreendidas por meio de um esforço conjunto de superação de erros e fraquezas.

- Pense: como você se comporta em relação aos erros, seus e dos subordinados? Com compreensão ou com rigor exagerado? A necessária integração do grupo é uma conquista, não uma imposição disciplinar!

- Errou muitas vezes? Ótimo, deve saber agora o que não deve ser feito, costumava afirmar o presidente Roosevelt.

Excelentes desempenhos

Avaliar e valorizar as forças da equipe é fundamental para que sejam obtidas ótimas competências e ótimos desempenhos. Como isso ocorre? Reflita sobre isso! O desempenho depende intimamente da motivação, que depende marcantemente da liderança.

Somente por meio de avaliações honestas e sistemáticas a gerência pode conhecer efetivamente seu grupo. Na avaliação de desempenho, os subordinados posicionam-se em relação aos seus objetivos, sentem-se acompanhados e veem que seus esforços estão sendo considerados.

Para a gerência, a avaliação é uma excelente oportunidade para o exercício de sua função educativa, analisando com os liderados suas forças e fraquezas e estudando os meios de reforçar as primeiras e minimizar as outras.

Porém, é necessário que haja avaliações periódicas para que a gerência possa estabelecer um sistema racional de desenvolvimento humano e profissional no trabalho. O resultado é uma equipe motivada, forte e produtiva.

Objetividade

Para que haja objetividade, logicamente, é preciso que o gerente seja claro.

Ao delegar ou designar tarefas, apresentar sugestões ou formular qualquer pedido, exige-se clareza e objetividade como condição fundamental para que o subordinado cumpra adequadamente suas incumbências.

Considera-se, hoje, o desafio como um dos principais motivadores ao trabalho, daí a ênfase que se empresta ao "enriquecimento da tarefa". Ninguém se empenha com entusiasmo sem que esteja suficientemente informado sobre o significado real da atividade que exerce e o prestígio em exercê-la.

Expor com clareza as razões de uma determinação, o porquê das decisões e os objetivos de uma tarefa são condições importantes, não só para uma comunicação perfeita, mas também para a motivação e o bom relacionamento gerente/subordinado/equipe. Objetividade que pressupõe clareza dos objetivos e motivação para realizá-los.

Valorização de ideias

Valorizar ideias é um recurso gerencial para obter contribuições e a confiança da equipe.

Reflita sobre quantas vezes, impensadamente, inibimos, com nossas atitudes autocráticas, o espírito de colaboração dos nossos subordinados agindo:

- com ironia;
- com preconceito;
- com negligência.

Esquecemo-nos de que as pessoas, muitas vezes, são capazes de dar a vida por suas ideias, ainda que fracas, em vez de pelas ideias fortes dos outros.

É uma tendência natural que as pessoas se apeguem ao que lhes pertence. O sentimento de propriedade impele que os idealizadores de uma sugestão lutem por ela com muito empenho, tanto quanto seja seu nível motivacional.

Assim, uma orientação prática, quando existirem duas ideias, será a de optar-se pela de quem irá executá-la, mesmo que, teoricamente, a escolha não seja a melhor. A desvantagem, todavia, será compensada em termos de dedicação e entusiasmo, o que não sucederia na hipótese de ocorrer imposição.

Fazer com que os liderados apresentem ideias e dar a oportunidade de que todos participem com contribuições para a melhoria é o que significa, em termos práticos, motivação para o trabalho, qualidade no e do trabalho.

Saber dizer não

Saber dizer "não" é uma habilidade imprescindível à gerência para não quebrar a motivação e a criatividade.

A gerência obtém cooperação quando "abre o circuito" a novas ideias e trata as sugestões dos seus subordinados com a atenção que merecem. Afinal, quem sugere demonstra espírito renovador, manifestação de interesse em servir, de não se acomodar, de tentar ver as coisas melhores e de colaborar para tanto.

> **PARA REFLEXÃO**
>
> **A criatividade**
> Justifique-se, ao rejeitar ideias, para não bloquear colaborações criativas. Pense na criatividade como o potencial oculto de sua equipe.

Muitas sugestões, aparentemente inexequíveis e até mesmo consideradas estapafúrdias e ridículas, só o são, muitas vezes, por falta de flexibilidade na avaliação ou por deficiência na exposição da ideia.

A experiência mostra, por meio da história e a toda hora, que ideias "malucas" deram origem a grandes inventos e descobertas. Na rotina diária do trabalho, quantas sugestões modestas já foram convertidas em práticas eficazes e grandiosas?

Todavia, a gerência, ao rejeitar de imediato uma ideia, ou simplesmente arquivá-la, sem comentários ou com observações enganosas e formais, está bloqueando o maior potencial oculto da equipe, ou seja, sua criatividade.

Há uma tendência em etiquetar as pessoas (digitadora, recepcionista, caixa etc.), estereotipando-as, rotinizando-as, robotizando-as, sem que suas aptidões, capacidades e perspectivas sejam consideradas. Bem trabalhadas, as atividades das pessoas se enriquecem e se tornam desafiadoras, transformando-as de servidores rotineiros em colaboradores versáteis e eficazes.

Tudo depende das atitudes de uma gerência participativa, que encoraja a liberação do potencial da equipe.

Frequentemente, a gerência vê-se na contingência de dizer "não". Terá de fazê-lo, mas não, necessariamente, de forma castradora. Honestidade e franqueza, com educação, com argumentos convincentes, fazem parte da liderança.

Procure descobrir habilidades que você, até então, ignorava em seus liderados. Certamente terá surpresas muito agradáveis. E, ao ter de contrariar interesses, não mate a motivação do subordinado. Saber "trabalhar frustrações" é uma habilidade que se exercita com base na confiança mútua. Resulta de uma convivência enriquecedora líder-liderado, no dia a dia de trabalho.

Bom senso na criatividade

Desenvolver a criatividade significa que as normas não podem ser entendidas como "camisas de força"; o bom senso deve prevalecer sempre.

Você acha que está criando clima propício à criatividade em seu ambiente de trabalho? A organização burocrática tende à excessiva normatização e a procedimentos rígidos, desestimuladores da ação criativa. Sem uma ambiência tranquila, relaxante, participativa, responsável, confiante, não haverá espírito de iniciativa e criatividade, que estarão embotados pelas atividades rotinizadas.

Estamos enfatizando esse aspecto, pois a burocratização é o maior empecilho à modernidade. E desburocratizar é mais uma questão de atitude gerencial do que de reestruturações formais.

A gerência deve se impor pela aceitação, não pela autoridade. Deve pedir sugestões para enriquecer seu conhecimento e reforçar suas decisões, preocupando-se em valorizar, por menor que seja, as colaborações recebidas.

A experiência não pode ser aprisionada: quem lida com fatos, em princípio, deve ter mais condições para perceber transformações e opinar. Se não desenvolveu essa capacidade é porque não estava conscientizado ou se deixou vencer pelo espírito rotineiro, que é a maior enfermidade do trabalho. A rotina inibe a percepção, mata a criatividade.

A contribuição criativa é a característica básica que distingue gerências eficazes de gerências meramente eficientes, ou seja, aquelas que, formal e simplesmente, cumprem suas metas. As gerências eficazes respondem, essencialmente, por métodos renovados e objetivos crescentes.

Desenvolvimento de mudanças

Em uma época de grandes transformações, a gerência deve saber aceitar e desenvolver mudanças.

A mudança tornou-se o fator determinante das decisões empresariais, pois as transformações se caracterizam atualmente por sua generalização, profundidade, irreversibilidade e rapidez. Mudança significa sobrevivência: quem não é adaptável não sobrevive, pois se torna rapidamente superado. Mudanças "inovativas" correspondem à expansão, e desta depende basicamente o desenvolvimento humano.

PARA REFLEXÃO

Mudanças

Você já pensou que, para não gerar resistência, toda mudança, por mais simples que seja, deve ser precedida de envolvimento e participação dos interessados? Você põe esse preceito em prática?

As gerências se deparam a todo momento com a necessidade de promover modificações nos serviços e enfrentam problemas de resistência por parte dos subordinados. As pessoas, no entanto, não reagem à mudança, mas às suas consequências (temem ser prejudicadas), o que implicará sempre reação, quando os benefícios das transformações não estiverem claros.

Essa resistência nasce da dúvida, das incertezas, sendo a mudança, então, interpretada como ameaça. Habitualmente, não é uma reação de natureza cognitiva, porém emocional (sensação de perda). Daí afirmar-se que a causa fundamental de agravamento das resistências reside no introdutor (a gerência), e não necessariamente nos envolvidos (a equipe).

Para encaminhar com eficácia processos de mudança, é essencial que as gerências e os subordinados saibam o porquê das mudanças, quando são necessárias e que estratégias adotar para promovê-las.

Saber ouvir

Saber ouvir exige quase sempre esforço reeducativo, pois somos muito mais condicionados a falar – e só ouvirmos o que julgamos ser de nosso interesse. É o fenômeno denominado ignorância seletiva.

Embora exija tempo, a opção de não ouvir poderá vir a significar irremediáveis perdas, não só em termos de desinformação como de desinteresse e animosidade por parte dos interlocutores.

Pesquisa realizada nos Estados Unidos demonstra que um indivíduo no trabalho:

- escuta durante 45% do tempo;
- fala durante 30% do tempo;
- lê durante 16% do tempo;
- escreve durante 9% do tempo.

No entanto, segundo a pesquisa, apesar de empregar 45% do seu tempo em atividades de escuta, o indivíduo, na verdade, dedica somente 25% de sua capacidade ao ato de ouvir, isto é, enquanto escuta um interlocutor, a pessoa continua elaborando seus próprios pensamentos e tende, assim, a se aliviar do teor da conversa.

O treinamento de vendedores, por exemplo, e por extensão o de todos aqueles que lidam com o público – cuja ênfase sempre foi a fluência verbal, reforçando a capacidade argumentativa dos treinandos, em detrimento de sua disposição em ouvir –, vem sendo condenado por especialistas. Tão importante quanto "saber falar" é "saber ouvir para saber falar".

Com mais razão ainda, um dirigente que não sabe ouvir, cuja preocupação é "fazer-se ouvir", estabelece uma situação de constrangimento tal que qualquer colaboração se torna impossível. A reunião transforma-se em monólogo, o interesse esvai-se, a participação reduz-se a apenas permanência estática, por pura obediência, pois "não há outro jeito...". Com isso, o dirigente isola-se e acaba perdendo o controle da situação.

No colégio, por exemplo, os alunos apelam para o recurso da indisciplina; na empresa, recorrem às faltas, à irritação ou à indiferença.

Encorajar os subordinados a falar é um meio seguro de conhecê-los, de satisfazer suas necessidades de afeição e de lhes proporcionar condições para liberarem frustrações e mágoas recolhidas.

Isso, associado à observação e ao controle de qualidade do trabalho executado, proporcionará à gerência o perfil dos seus liderados, com as indicações de como tratá-los adequadamente e quais as diretrizes para programar seu desenvolvimento.

Exercício da crítica

Critique em particular e elogie em público. Antes de tudo, analise os fatos.

É muito comum criticar pessoas quando a avaliação deve estar centrada em fatos, no desempenho, sem o que haverá sempre muita emoção e pouca razão.

O fato e suas consequências são o que mais importa. Ao precisar elogiar ou censurar alguém, a conduta recomendável pela boa administração, em regra geral, é dar publicidade aos aspectos positivos e tratamento reservado aos negativos.

Embora esse seja um princípio universalmente aceito, é comum ocorrer o inverso: critica-se em público e elogia-se em particular. Não há melhor receita de desmotivação. E muitas chefias ainda estranham por que subordinados mostram-se ressentidos e ineficientes.

A crítica construtiva é um procedimento educacional: visa alertar sobre erros e se propõe a ajudar nas correções. O elogio sincero, merecido, reforça procedimentos positivos e recarrega as baterias motivacionais. Quando em público, e sem exageros que melindrem os introvertidos, poderá significar um poderoso estímulo ao sentimento de autoestima, à necessidade de consideração e prestígio. Pode estar aí o segredo da produtividade.

Os fatos, as ideias, e não as pessoas, devem ser objeto de críticas equilibradas e racionais, precedidas de cuidadosa análise. Visa-se, sobretudo, aos processos, e não propriamente à análise das motivações. Se o comportamento é avaliável, as atitudes, por sua subjetividade, são de julgamento duvidoso (visões preconceituosas podem desvirtuar inteiramente as apreciações).

Muitas injustiças tornam-se irreparáveis por julgamentos precipitados. Muitos "funcionários-problema" nasceram daí.

Assessoria gerencial

O gerente exerce sempre uma função de assessor em relação ao seu superior. Seu conhecimento técnico e experiência, advindos do exercício da função, credenciam-no à prestação de ajuda e aconselhamento.

Determinados problemas, com os quais o gerente lida diretamente, lhe dão autoridade técnica para opinar e influir. Sua percepção pode ser bem mais precisa do que a de seu superior, principalmente se este se limita ao trabalho de gabinete enquanto ele, por força de suas atribuições, se relaciona intensamente com pessoas e fatos externos.

A atitude para com o superior, quando orientada por intenções educativas, vai exercendo efeito positivo sobre seu comportamento. A ação poderá ser sutil e lenta, mas é efetiva. É o que recomenda a Teoria Educacional e o que a experiência comprova na prática da empresa.

Em rigor, na vida comunitária, todos são educadores e educandos. Nessa concepção, e por meio de estilos de liderança democrática e programações específicas, é que se pode entender e realizar o ideal da renovação contínua na empresa.

QUESTÕES PARA REFLEXÃO E DEBATES

1. Transformações radicais são válidas para a obtenção de ótimos resultados?
2. Quais as tendências marcantes na evolução das Teorias Organizacionais?
3. Quais valores tornam uma cultura organizacional harmônica e produtiva?
4. O que se entende por "bom senso" em gerência?
5. "Cooperação espontânea" e "sinergia" são condições fáceis de ser conseguidas?
6. Quais as qualificações básicas definidoras do perfil de liderança?
7. É possível conciliar o estilo autoritário com o exercício da delegação de autoridade?
8. Quais são as condições para um relacionamento humano saudável nas organizações?
9. O que inibe as boas ideias e o que fazer para valorizá-las?
10. Qual é o sentido da expressão "bom senso na criatividade"?

REFERÊNCIAS

BJUR, W. *et al. Readministração em ação*: reinventando o caos: reengenharia da educação. Porto Alegre: Age, 1995.

BUZZEL, R. D.; BRADLEY, G. *O impacto das estratégias de mercado no resultado das empresas*. São Paulo: Pioneira, 1991.

CHAMPY, J; HAMMER, M. *Reengenharia*: revolucionando a empresa em função dos clientes. Rio de Janeiro: Campus, 1994.

CHARBONNEAU, P. *Entre capitalismo e socialismo*: a empresa humana. São Paulo: Pioneira, 1983.

GALBRAITH, J. K. *A sociedade justa*. São Paulo: Campus, 1996.

MATOS, F. G. de. *Empresa feliz*. São Paulo: Makron Books, 1998.

MATOS, G. G. de. *Comunicação empresarial sem complicação*. Barueri: Manole, 2008.

SROUR, R. H. *Poder, cultura e ética na organização*. Rio de Janeiro: Campus, 1998.

4 LIDERANÇA

O Caminho para Realizar a Missão, a Visão e o Futuro da Organização

Idalberto Chiavenato

A Ação Estratégica requer influenciação, condução, orientação, apoio e suporte, direcionamento e convergência de esforços, incentivos e estimulação, monitoração e retroação. Em outras palavras, a Ação Estratégica requer liderança. Melhor ainda, liderança de lideranças na empresa.

Pense bem. Todas as organizações são constituídas por um grande número de pessoas que trabalham em conjunto para o alcance de objetivos organizacionais variados. Cada pessoa tem seu papel definido a desempenhar na organização. Existem pessoas que lidam com outras pessoas dentro dela no sentido de supervisionar seu trabalho e seus resultados: são supervisores, chefes, gerentes, diretores ou o presidente, dentro da hierarquia organizacional. Existem outras que trabalham internamente dentro da organização em intenso contato interpessoal com seus clientes internos. Existem, ainda, as que lidam com elementos fora dela, como clientes, consumidores, usuários, fornecedores, agentes reguladores, elementos da sociedade ou do governo.

> **SAIBA MAIS** **A liderança**
>
> São as pessoas que mantêm interface e contatos periféricos com o ambiente externo e que espelham determinada imagem da organização para o mundo exterior. Contudo, para que isso aconteça, as pessoas precisam de orientação, metas, apoio e suporte, capacitação e preparo adequado. Isso tudo faz parte da atividade de liderança dentro da organização. Se a liderança é precária ou falha, então, provavelmente, as pessoas também falharão e serão precárias nessa interface e nos seus contatos periféricos com a realidade dos negócios.

Boa parte da atividade de toda essa gente se desenvolve pela rotina cotidiana e pela inércia dos trabalhos anteriores e com razoável dose de entropia no sistema. No entanto, o mundo lá fora passa por mudanças e transformações inusitadas. É que estamos em plena Era da Informação, da competição globalizada, em que tudo muda com uma velocidade incrível. Como mover todos os membros da organização para tentar, pelo menos, acompanhar de longe parte dessa mudança que ocorre além das fronteiras da organização? Como alcançar a competitividade organizacional e mantê-la acesa em mercados altamente dinâmicos e competitivos? Como utilizar o conhecimento e a tecnologia e sair na frente dos concorrentes ávidos pelo primeiro lugar? Como melhorar continuamente a organização por meio da iniciativa das pessoas? Como desenvolver equipes integradas e mantê-las, com pessoas felizes em direção aos objetivos estratégicos do negócio? Como capacitar e conscientizar as pessoas quanto à missão, à visão, aos valores e aos negócios da organização? Como fazer as pessoas participarem ativamente, com espírito proativo e empreendedor, dos negócios da organização? O estilo de liderança adotado para conduzir as pessoas traz muitas respostas para todas essas perguntas.

Quadro 4.1 Comparação entre gerência e liderança[1]

	Gerência	**Liderança**
Direção	■ Planejamento e orçamento ■ Supervisão na base operacional	■ Criação de visão e estratégia ■ Visão no horizonte do futuro
Alinhamento	■ Organização e atribuição ■ Direção e controle ■ Criação de limites e fronteiras	■ Criação de uma cultura compartilhada ■ Ajuda os outros a crescer ■ Reduz limites e fronteira
Relacionamento	■ Foco em objetos – produção e venda de bens e serviços ■ Poder baseado na posição ■ Atuação como chefe	■ Foco nas pessoas – inspiração e motivação dos seguidores ■ Poder baseado na pessoa ■ Atuação como *coach*, facilitador e servo
Qualidades pessoais	■ Distância emocional ■ Mentalidade de *expertise* ■ Fala ■ Conformidade ■ Ênfase na organização	■ Conexões emocionais (coração) ■ Mentalidade aberta ■ Ouvir (comunicação) ■ Não conformismo (coragem) ■ Ênfase em si próprio (integridade)
Resultados	■ Manutenção da estabilidade	■ Criação da mudança

4.1 EM QUE BASES VOCÊ APOIA SEU ESTILO DE LIDERANÇA?

De certa forma, a liderança é um tipo de poder pessoal. Por meio da liderança, uma pessoa influencia outras em função dos relacionamentos existentes. A influência é uma transação interpessoal na qual uma pessoa age no sentido de modificar ou provocar o comportamento de outra pessoa de maneira intencional. Dentro dessa focalização sempre se encontra um líder – aquele que influencia – e os liderados – os seguidores, isto é, aqueles que são influenciados. A influência é um conceito ligado ao conceito de poder e de autoridade. **Poder** significa o potencial de influência de uma pessoa sobre outra ou outras, que pode ou não ser exercido. O poder em uma organização é a capacidade de afetar e controlar as ações e decisões das outras pessoas, mesmo quando elas possam eventualmente resistir. A autoridade é o poder legítimo, ou seja, o poder que tem uma pessoa em virtude do papel ou da posição que exerce em uma estrutura organizacional. É o poder legal e socialmente aceito. De toda maneira, a capacidade de influenciar, persuadir e motivar os liderados está muito ligada ao poder que estes percebem no líder.

Existem cinco diferentes tipos de poder em que um líder pode se apoiar:[2]

1. **Poder coercitivo**: tem como bases o temor, a coerção e o castigo. O liderado percebe que o fracasso em atender às exigências do líder poderá levá-lo a sofrer algum tipo de punição ou penalidade que ele quer evitar.
2. **Poder de recompensa**: aquele que se apoia na esperança de alguma recompensa, incentivo, elogio ou reconhecimento que o liderado pretende obter do líder.
3. **Poder legitimado**: decorre do cargo ocupado pelo indivíduo na hierarquia organizacional. Nas organizações formais, o supervisor de primeira linha é percebido como alguém que tem mais poder do que os operários, o gerente tem mais poder do que o supervisor, enquanto o diretor tem mais poder do que o gerente. A nivelação hierárquica estabelece os escalões ou níveis de autoridade dentro da organização.
4. **Poder de competência**: tem como base a especialidade, as habilidades ou o conhecimento técnico da pessoa. Os liderados percebem o líder como alguém que possui certos conhecimentos ou conceitos que excedem os seus.
5. **Poder de referência**: tem como base a atuação e o apelo. O líder que é admirado por certos traços de personalidade possui poder referencial. É um poder conhecido popularmente como carisma. Dá-se o nome de carisma a uma faculdade excepcional e sobrenatural de uma pessoa que a diferencia das demais. Conforme descrito no dicionário *Aurélio*, carisma é uma espécie de forma mágica, oriunda de poderes divinos ou diabólicos. O carisma está sempre por trás das pessoas cujo desempenho vai muito além da competência – não importa a profissão. Um líder carismático é aquele que possui características pessoais marcantes e certo magnetismo pessoal que influenciam fortemente as pessoas. O mundo foi marcado por líderes carismáticos, como Moisés, Jesus, Gandhi, Napoleão, Vargas, Kennedy etc.

> **SAIBA MAIS** **Influenciação**
>
> Michael Jordan, a estrela do basquete norte-americano, faturava 45 milhões de dólares anuais e boa parte disso ele recebia do Chicago Bulls. Contudo, seu valor de mercado derivava da sua capacidade de espalhar vibração entre seus parceiros, ajudando um punhado de atletas a formar um time coeso e integrado. Quando falta carisma, fica mais difícil colocar os funcionários a serviço da organização. O carismático utiliza símbolos, analogias, metáforas e exemplos para ilustrar o que está dizendo, de forma surpreendentemente original e criativa. Ele faz a cabeça das pessoas. Isso é influenciação.

68 Visão e Ação Estratégica

Poder coercitivo (temor ou castigo)
Poder de recompensa (necessidades)
Poder legitimado (cargo)
Poder de competência (respeito ou conhecimento)
Poder de referência (carisma)

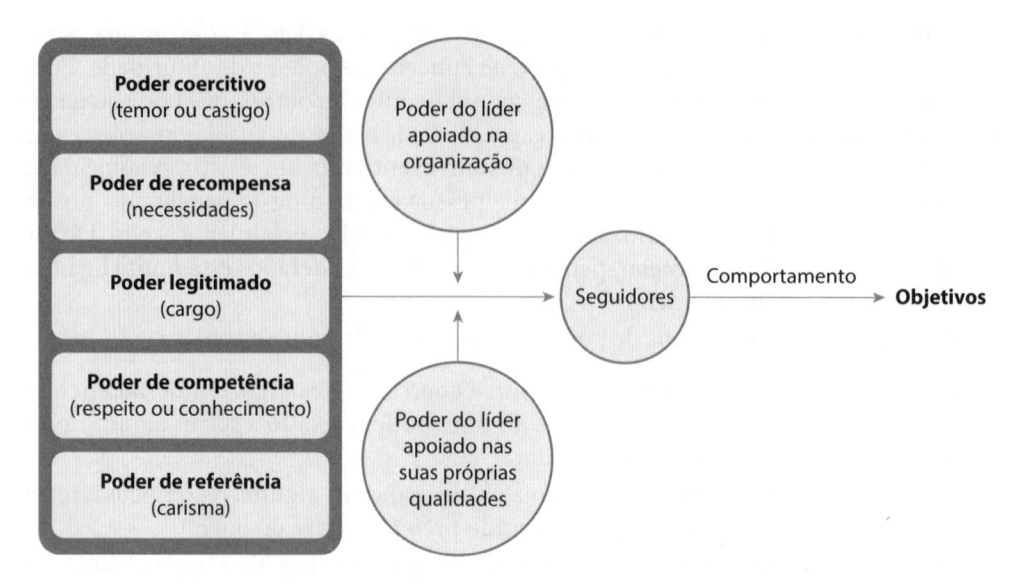

Poder do líder apoiado na organização
Poder do líder apoiado nas suas próprias qualidades

Seguidores → Comportamento → Objetivos

Figura 4.1 As bases do poder: organizacional e individual.

Existem tipos de poder que repousam na posição ocupada pelo administrador, como os poderes legitimado, de recompensa e de coerção. O poder de competência e de referência – pelo contrário – são decorrentes da própria pessoa.

A liderança genuína decorre geralmente do poder de competência e do poder de referência do líder: ela se baseia no poder pessoal do líder. Quando a liderança funciona na base do poder de recompensas, do poder de coerção ou do poder legitimado, ela se ancora exclusivamente no poder da posição que a organização confere ao líder. O desafio do administrador está em saber migrar decisivamente para o poder de competência e de referência para exercer uma liderança com base em seu poder pessoal.

Fontes de poder

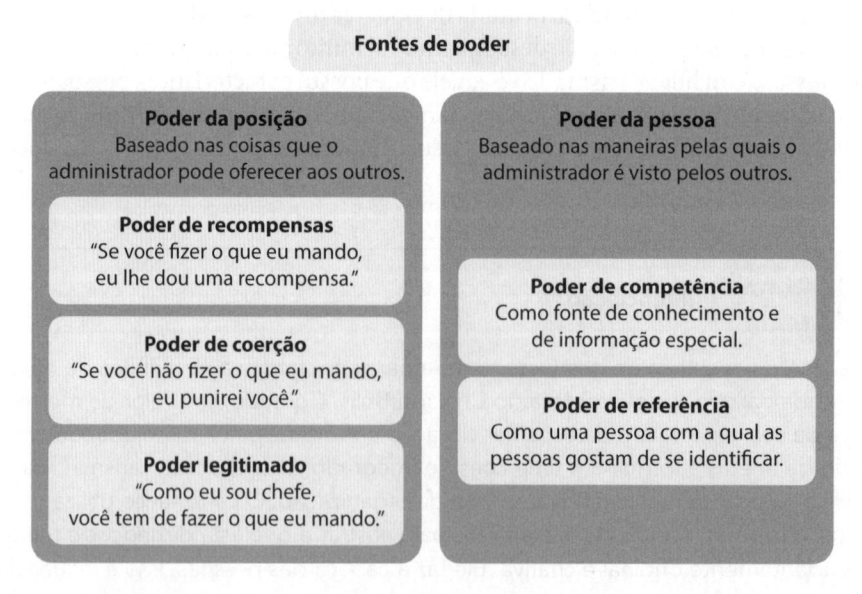

Poder da posição
Baseado nas coisas que o administrador pode oferecer aos outros.

- **Poder de recompensas**
"Se você fizer o que eu mando, eu lhe dou uma recompensa."
- **Poder de coerção**
"Se você não fizer o que eu mando, eu punirei você."
- **Poder legitimado**
"Como eu sou chefe, você tem de fazer o que eu mando."

Poder da pessoa
Baseado nas maneiras pelas quais o administrador é visto pelos outros.

- **Poder de competência**
Como fonte de conhecimento e de informação especial.
- **Poder de referência**
Como uma pessoa com a qual as pessoas gostam de se identificar.

Figura 4.2 Fontes de poder da posição e de poder da pessoa.[3]

4.2 COMO TRANSFORMAR A LIDERANÇA EM UMA FERRAMENTA PESSOAL?

As antigas teorias sobre liderança se preocupavam em identificar os traços de personalidade capazes de caracterizar os líderes. O pressuposto era que se poderia encontrar um número finito de características pessoais, intelectuais, emocionais e físicas que identificassem os líderes de sucesso, como:

1. Habilidade de interpretar objetivos e missões e transmiti-los aos outros.
2. Habilidade de estabelecer prioridades e fixá-las aos outros.
3. Habilidade de planejar e programar atividades da equipe.
4. Facilidade em solucionar problemas e conflitos e manter o equilíbrio.
5. Facilidade em supervisionar e orientar pessoas.
6. Habilidade de delegar responsabilidades aos outros.

A crítica que se faz às teorias dos traços de personalidade fundamenta-se em dois aspectos. O primeiro: as características de personalidade são geralmente avaliadas de maneira imprecisa e pouco científica. O segundo: essas teorias não levam em conta a situação dentro da qual existe e funciona a liderança. Ou seja, quais os elementos do ambiente que são importantes para determinar quem será um líder eficaz. Um dirigente pode ser o líder absoluto em sua empresa, mas não em sua casa. Alguns traços de personalidade são importantes em certas situações, mas não em outras. Quando a situação sofre mudanças, a liderança passa para outras mãos. O conceito de liderança é muito relativo e situacional, pois as funções do líder variam conforme a situação.

4.2.1 Quais são as funções do líder?[4]

Para Hicks e Gullett, a liderança é uma subclasse do gerenciamento. Muitas das funções do líder são mais especializadas e tangíveis do que as de um gerente. A maneira como um líder desempenha suas funções determina o sucesso ou o fracasso de sua organização. As funções de um líder incluem:

- **Arbitragem**: quando os membros da organização se desentendem quanto ao curso de ação a ser seguido, o líder deve resolver o problema arbitrando ou decidindo a melhor solução. Em qualquer situação, a solução deve ser encontrada de forma consensual e rápida para evitar conflitos ou interrupções.
- **Sugestões**: o líder deve sugerir ideias e meios para seus subordinados, evitando emitir ordens ou comandos. Deve fazer com que os subordinados tenham senso de participação e responsabilidade e que sejam tratados com dignidade e respeito.
- **Objetivos**: os objetivos organizacionais não são automáticos, mas devem ser definidos e fornecidos pelo líder. Para que a organização seja eficaz, os objetivos devem ser viáveis e levar os membros a trabalharem juntos.
- **Catalisação**: para iniciar ou aumentar o movimento de uma organização, torna-se necessária certa força impulsionadora, que é fornecida pela ação do líder como um catalisador que conduz os membros à ação coletiva.

- **Segurança**: para manter uma atitude positiva e otimista diante dos problemas, o líder deve proporcionar segurança aos seus seguidores, não somente em relação ao seu emprego, mas, principalmente, em relação ao seu trabalho. Essa segurança é importante para elevar o moral da equipe.
- **Representação**: o líder geralmente representa a organização diante dos outros e serve como um símbolo da organização. As pessoas de fora veem a organização pelas atitudes do líder e da sua impressão a respeito dele. Uma impressão favorável do líder garante uma impressão favorável da organização.
- **Inspiração**: ao fazer com que seus seguidores sintam que seu trabalho é imprescindível e importante, o líder os inspira a aceitar entusiasticamente os objetivos organizacionais e a trabalhar eficazmente no sentido de alcançá-los.
- **Orgulho**: a necessidade de reconhecimento e de estima das pessoas pode ser satisfeita por meio de um orgulho sincero do líder quanto aos seus subordinados. É importante que ele aprecie e festeje o trabalho das pessoas.

Além disso, as organizações estão procurando características em seus líderes que sejam compatíveis com os novos e diferentes desafios que elas estão enfrentando na economia globalizada.

4.2.2 Os três estilos de liderança

Algumas teorias sobre liderança se referem a diferentes estilos que o líder pode imprimir em seu comportamento. Os três estilos básicos de liderança são:[5]

1. **Liderança autocrática**: o líder centraliza totalmente a autoridade e as decisões. Os subordinados não têm qualquer liberdade de escolha. O líder autocrático é dominador, emite ordens e espera obediência plena e cega dos subordinados. Os grupos submetidos à liderança autocrática apresentaram o maior volume de trabalho produzido com evidentes sinais de tensão, frustração e agressividade. O líder é temido pelo grupo, que só trabalha quando ele está presente. A liderança autocrática enfatiza somente o líder.
2. **Liderança liberal**: o líder permite total liberdade para a tomada de decisões individuais ou em grupo, delas participando apenas quando solicitado. O comportamento do líder é evasivo e sem firmeza. Os grupos submetidos à liderança liberal não se saíram bem quanto à quantidade nem quanto à qualidade de trabalho, com fortes sinais de individualismo, desagregação do grupo, insatisfação, agressividade e pouco respeito ao líder. O líder é ignorado pelo grupo. A liderança liberal enfatiza somente o grupo.
3. **Liderança democrática**: o líder é extremamente comunicativo, encoraja a participação das pessoas e se preocupa igualmente com o trabalho e com o grupo. O líder funciona como um facilitador para orientar o grupo, ajudando-o na definição dos problemas e nas soluções, coordenando atividades e sugerindo ideias. Os grupos submetidos à liderança democrática apresentaram boa quantidade de trabalho, qualidade surpreendentemente melhor, acompanhada de um clima de satisfação, de integração, de responsabilidade e de comprometimento das pessoas.

Quadro 4.2 Os três estilos de liderança

Aspectos	Liderança autocrática	Liderança liberal	Liderança democrática
Tomada de decisões	Apenas o líder decide e fixa as diretrizes, sem qualquer participação do grupo.	Total liberdade ao grupo para tomar decisões, com mínima intervenção do líder.	As diretrizes são debatidas e decididas pelo grupo, que é estimulado e orientado pelo líder.
Programação dos trabalhos	O líder dá ordens e determina providências para a execução de tarefas sem explicá-las ao grupo.	Participação limitada do líder. Informações e orientação são dadas desde que solicitadas pelo grupo.	O líder aconselha e dá orientação para que o grupo esboce objetivos e ações. As tarefas ganham perspectivas com os debates.
Divisão do trabalho	O líder determina a tarefa a cada um e seu companheiro de trabalho.	A divisão das tarefas e escolha dos colegas são do grupo. Não há qualquer participação do líder.	O grupo decide sobre a divisão das tarefas e cada membro tem liberdade para escolher os colegas.
Comportamento do líder	O líder é dominador e pessoal nos elogios e nas críticas ao grupo.	O líder assume o papel de membro do grupo e atua somente quando é solicitado.	O líder é objetivo e se limita aos fatos nos elogios ou nas críticas. Trabalha como orientador da equipe.

Na liderança autocrática, o líder centraliza o poder e mantém o controle de tudo e de todos em suas mãos. Na liderança liberal, o líder fica "em cima do muro" e deixa as coisas acontecerem à vontade, sem intervir ou tentar mudar o andamento das coisas. Na liderança democrática, o líder trabalha e toma decisões em conjunto com os subordinados, ouvindo, orientando e impulsionando os membros.

Líder autocrático (chefão)
Manda, impõe, exige, coage

Líder liberal (mero colega)
Ausenta-se, omite-se, ignora, deixa ficar

Líder democrático (impulsionador)
Orienta, estimula, ensina e ajuda

Subordinado
Obedece, aceita cegamente, desconhece

Subordinado
Faz o que quer e quando quer

Subordinado
Colabora, participa, sugere, decide, ajuda, coopera

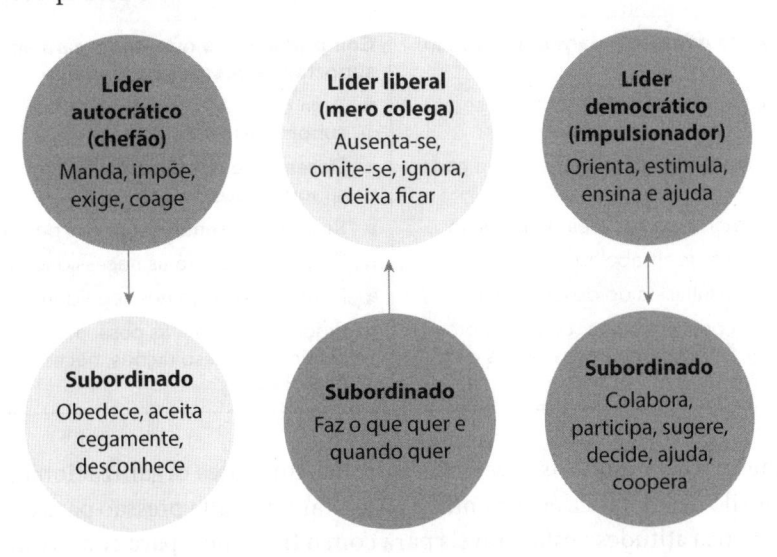

Figura 4.3 Os diferentes estilos de liderança.

Na prática, o administrador utiliza os três estilos de liderança de acordo com a tarefa a ser executada, com as pessoas e com a situação. O administrador tanto manda cumprir ordens quanto sugere aos subordinados a realização de certas tarefas, bem como os consulta antes de tomar alguma decisão. O desafio está em saber quando aplicar cada estilo com quem e dentro de quais circunstâncias e tarefas a serem desenvolvidas. As organizações bem-sucedidas estão procurando desenvolver um ambiente psicológico interno que incentiva e alavanca a liderança democrática.

4.2.3 Estilos de liderança orientada para as pessoas ou para as tarefas

Outras teorias salientam que existem dois tipos de liderança:[6]

1. **Liderança centrada na tarefa (*job centered*)**: preocupado estritamente com a execução da tarefa e com seus resultados imediatos. É típica de organizações ou unidades que costumam concentrar as pessoas em cargos isolados e individualizados, superespecializados, com procedimentos rotineiros e padronizados, seguindo regras e regulamentos. É a liderança preocupada exclusivamente com o trabalho e em conseguir que as coisas sejam feitas de acordo com os métodos preestabelecidos e com os recursos disponíveis. Lembra alguma coisa da velha Teoria X de McGregor.

2. **Liderança centrada nas pessoas (*employee centered*)**: preocupado com os aspectos humanos dos subordinados, procura manter uma equipe de trabalho atuante, em uma maior participação nas decisões. Dá mais ênfase às pessoas do que ao trabalho em si, procurando compreender e ajudar os subordinados e se preocupando mais com as metas do que com os métodos, mais com os objetivos, sem descuidar-se do nível de desempenho desejado. Lembra a Teoria Y de McGregor.

Quadro 4.3 Diferenças entre a orientação para as tarefas e a orientação para as pessoas

Líder orientado para as tarefas	Líder orientado para as pessoas
Comportamento orientado para a finalização do trabalho	**Comportamento orientado para apoiar e suportar as pessoas no trabalho**
▪ Planeja e estabelece como o trabalho será feito	▪ Atua como apoio e retaguarda para os subordinados
▪ Atribui responsabilidade pelas tarefas a cada subordinado	▪ Desenvolve relações sociais com os subordinados
▪ Define claramente os padrões de trabalho	▪ Respeita os sentimentos das pessoas
▪ Procura completar o trabalho	▪ É sensível quanto às necessidades
▪ Monitora os resultados do desempenho	▪ Mostra confiança nos seguidores
▪ Preocupa-se com o trabalho, com os métodos e processos, bem como com as regras e os regulamentos	▪ Preocupa-se com as pessoas, com seus sentimentos, aspirações, necessidades e emoções

Os resultados das pesquisas revelaram que, nas unidades organizacionais com baixa eficiência, o estilo de liderança era orientado para a tarefa. A alta pressão para que as pessoas trabalhem provoca atitudes desfavoráveis para com o trabalho e para com os superiores, da parte dos subordinados. No curto prazo, esse tipo de liderança pode promover melhores resultados de eficiência e de produtividade. Porém, no médio prazo, a liderança centrada na tarefa provoca insatisfação, rotatividade do pessoal, elevado absenteísmo, alto nível de desperdício, reclamações trabalhistas contra a organização, queixas frequentes e redução do ritmo de trabalho. Quanto maior a sensação de conflito, menor o nível de produção. Contudo, esta teoria peca pela simplificação e pela redução da liderança a uma única dimensão: orientação para o trabalho ou para as pessoas.

4.2.4 Os estilos da grade gerencial (*managerial grid*)

A grade gerencial (*managerial grid*) é uma abordagem sobre a liderança que se baseia na suposição de que, na mente da maioria dos líderes, existe uma falsa dicotomia entre a preocupação com a produção e a preocupação com as pessoas. Blake e Mouton[7] criaram uma grade gerencial para mostrar que a preocupação com a produção e a preocupação com as pessoas são aspectos complementares, e não mutuamente exclusivos. Para ambos, os líderes devem unir essas duas preocupações para conseguir resultados eficazes das pessoas.

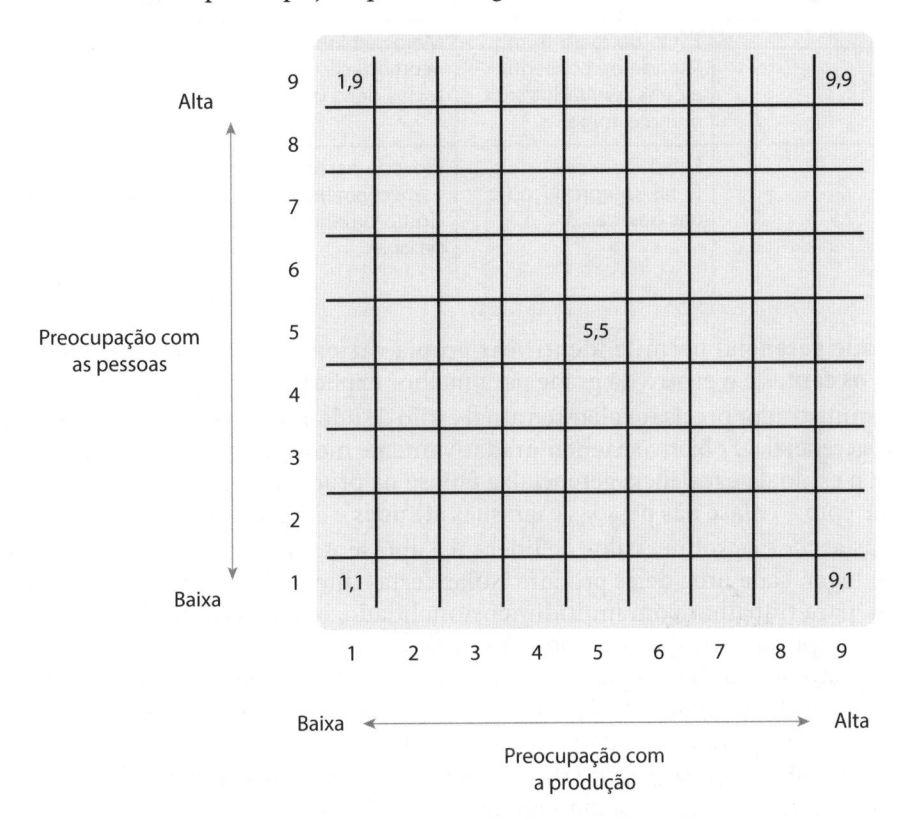

Figura 4.4 A grade gerencial (*managerial grid*).

A grade gerencial é formada por dois eixos: o eixo horizontal refere-se à preocupação com a produção, isto é, com o trabalho a ser realizado, enquanto o eixo vertical se refere à preocupação com as pessoas, isto é, com sua motivação, liderança, satisfação, comunicação etc. Cada eixo está subdividido em nove graduações. A graduação mínima é um e significa pouquíssima preocupação por parte do administrador; a graduação máxima é nove e significa a máxima preocupação possível.

Quadro 4.4 Os estilos principais da grade gerencial

Estilo	Significado	Participação	Fronteiras intergrupais
1.1	Mínima preocupação com a produção e com as pessoas	Pouco envolvimento e pouco comprometimento	Isolamento. Falta de coordenação Intergrupal
1.9	Enfatiza as pessoas, com mínima preocupação com a produção	Comportamento superficial e efêmero. Soluções do mínimo denominador comum	Coexistência pacífica. Grupos evitam problemas para manter a harmonia
9.1	Ênfase na produção com mínima preocupação com as pessoas	Não há participação das pessoas	Hostilidade intergrupal. Suspeita e desconfiança mútuas. Atitude de ganhar/perder
5.5	Estilo do meio-termo. Atitude de conseguir alguns resultados sem muito esforço	Meio caminho e acomodação que deixa todos descontentes	Trégua inquieta. Transigência, rateio e acomodação para manter a paz
9.9	Estilo de excelência. Ênfase na produção e nas pessoas	Elevada participação e envolvimento. Comprometimento das pessoas	Comunicações abertas e francas. Flexibilidade e atitude para o tratamento construtivo dos problemas

A grade gerencial permite identificar ampla variedade de estilos administrativos. Vejamos os cantos e o centro da grade para melhor explicá-los.

O administrador precisa avaliar seu atual estilo de liderança e verificar onde está situado na grade gerencial. O objetivo é tentar gradativamente movê-lo na direção do estilo 9.9, que constitui o estilo da excelência gerencial: a ênfase na produção e nos resultados em simultaneidade com a ênfase nas pessoas e em suas atitudes e comportamentos.

As várias teorias sobre estilos de liderança apresentam alguns aspectos comuns. Em primeiro lugar, cada uma delas procura isolar certas dimensões principais da conduta de liderança para trabalhar com multidimensionalidade, o que pode confundir a interpretação do comportamento. A superposição de definições entre os vários autores é impressionante. Em segundo lugar, cada uma dessas teorias tem defensores que acreditam que sua abordagem é a melhor. Em terceiro, as pesquisas do estilo de liderança em cada uma dessas teorias se baseiam em questionários, método bastante limitado e controvertido. Na verdade, trata-se de um campo de pesquisa com um enorme potencial de estudos. De todas elas, a grade gerencial é a mais completa e aplicável.

4.3 TEORIAS SITUACIONAIS DE LIDERANÇA

As teorias situacionais de liderança procuram incluir a liderança no contexto ambiental em que ela ocorre, levando em conta o líder, os liderados, a tarefa, a situação, os objetivos etc. Constituem um avanço em relação às teorias baseadas exclusivamente no estilo de liderança. As principais teorias situacionais são: a escolha dos padrões de liderança, o modelo contingencial e a Teoria do Caminho-meta.

4.3.1 A escolha de padrões de liderança

Tannenbaum e Schmidt[8] consideram que o líder deve escolher os padrões de liderança mais adequados para cada situação em que se encontra. Para ambos, a liderança é um fenômeno situacional, pois baseia-se em três aspectos:

1. **Forças no gerente**: ou seja, a motivação interna do líder e outras forças que agem sobre ele.
2. **Forças nos subordinados**: ou seja, a motivação externa fornecida pelo líder e outras forças que agem sobre os subordinados.
3. **Forças na situação**: ou seja, as condições dentro das quais a liderança é exercida.

A Figura 4.5 sumariza essas três forças que caracterizam a liderança como um fenômeno diferente para cada situação diferente.

Forças na situação
- Tipo de empresa e seus valores e tradições
- Eficiência e eficácia do grupo de subordinados
- A tarefa a ser executada
- Tempo disponível para executá-la

Estilo de liderança a ser adotado

Forças no gerente
- Sistema de valores do gerente
- Suas convicções pessoais
- Confiança nos subordinados
- Inclinações sobre como liderar
- Tolerância para a ambiguidade
- Facilidade de comunicação

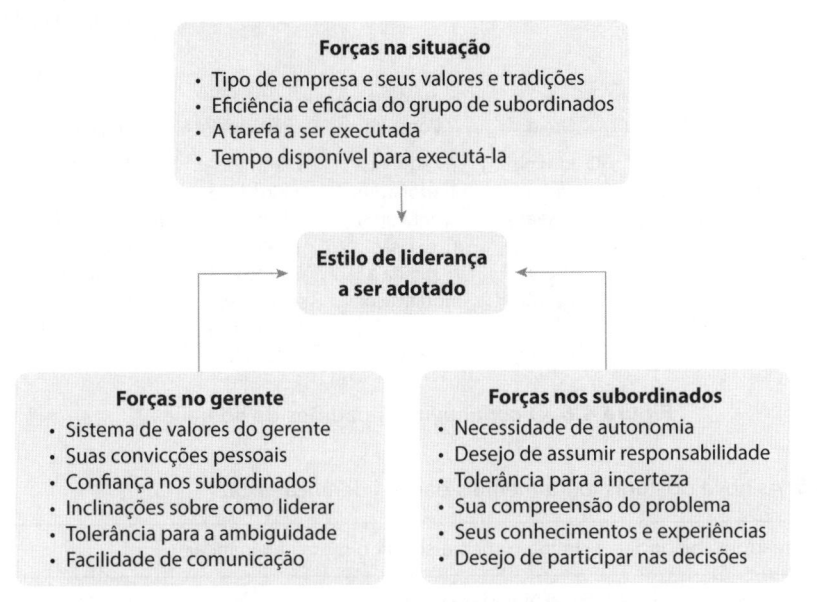

Forças nos subordinados
- Necessidade de autonomia
- Desejo de assumir responsabilidade
- Tolerância para a incerteza
- Sua compreensão do problema
- Seus conhecimentos e experiências
- Desejo de participar nas decisões

Figura 4.5 As forças que condicionam os padrões de liderança.

Diante dessas três forças, o líder pode escolher um padrão de liderança adequado para cada situação, de modo que ajuste suas forças pessoais com as forças dos subordinados e as forças da situação. Trata-se de encontrar a sintonia certa entre essas três forças interativas.

Existe um *continuum* de padrões de liderança à escolha do administrador. O administrador que atua à esquerda da Figura 4.6 é influenciado por forças pessoais, grupais e situacionais que resultam em um estilo autocrático. Esta poderá ser a abordagem correta para enfrentar as forças do momento. O administrador que atua à direita é influenciado por forças que resultam em um estilo democrático e participativo.

Dessa abordagem situacional da liderança podemos inferir algumas proposições:

- Quando as tarefas são rotineiras e repetitivas, a liderança é geralmente cerrada e feita na base de controles pelo líder, que passa a utilizar um padrão próximo ao extremo esquerdo da Figura 4.6.
- Um líder pode assumir diferentes padrões de liderança, cada qual adequado e específico para cada subordinado ou tarefa, de acordo com as forças envolvidas.

- Para um mesmo subordinado, o líder pode assumir diferentes padrões de liderança ao longo do tempo e conforme a situação envolvida. Em situações em que o subordinado apresenta alto nível de eficiência, o líder pode lhe dar maior liberdade nas decisões; se o subordinado apresenta erros graves e seguidos, o líder pode lhe impor provisoriamente maior autoridade pessoal e menor liberdade de trabalho.

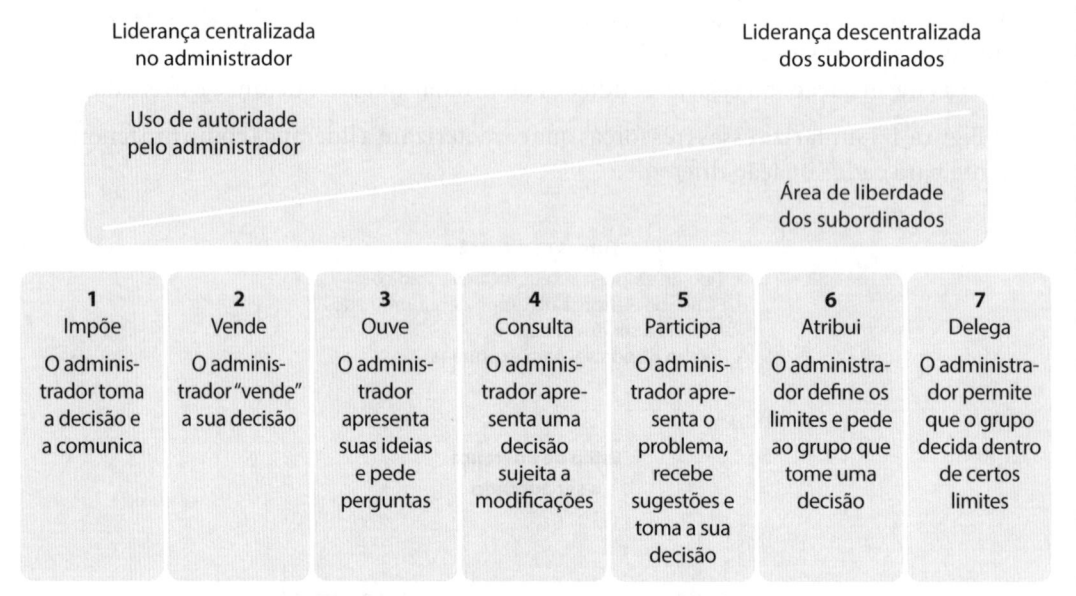

1 Impõe	2 Vende	3 Ouve	4 Consulta	5 Participa	6 Atribui	7 Delega
O administrador toma a decisão e a comunica	O administrador "vende" a sua decisão	O administrador apresenta suas ideias e pede perguntas	O administrador apresenta uma decisão sujeita a modificações	O administrador apresenta o problema, recebe sugestões e toma a sua decisão	O administrador define os limites e pede ao grupo que tome uma decisão	O administrador permite que o grupo decida dentro de certos limites

Figura 4.6 O *continuum* de padrões de liderança.[9]

Quadro 4.5 As nove posturas fundamentais para a liderança eficaz

1. Delegue responsabilidades e defina rumos a seguir e metas a alcançar
2. Focalize os processos, e não as tarefas das pessoas
3. Dê orientação, informação e retroação às pessoas
4. Proporcione treinamento e novas habilidades às pessoas
5. Promova oportunidades para as pessoas e cobre providências
6. Fixe metas e objetivos de maneira consensual
7. Estabeleça prioridades a atender
8. Encoraje a inovação e a criatividade
9. Reconheça e recompense o desempenho excepcional

Apesar de seu forte componente situacional, existem alguns princípios de liderança visionária que ajudam em todas as circunstâncias. Os cinco princípios da liderança visionária são explicitados a seguir:[10]

1. **Desafio do processo**: seja um pioneiro. Encoraje a criatividade e a inovação, bem como apoie as pessoas com ideias e sugestões. Oriente, norteie, impulsione as pessoas, faça-as cometerem erros e aprenderem com eles. Faça com que saiam da mesmice e da rotina, que sejam criativas e agreguem valor à organização.
2. **Seja entusiasta**: inspire as pessoas com seu entusiasmo pessoal e procure compartilhar uma visão comum. Transforme o trabalho em algo agradável e produtivo, que traga orgulho e entusiasmo às pessoas. Que elas torçam e festejem quando marcarem um gol, alcançarem um objetivo ou uma meta.
3. **Ajude as pessoas a agir**: seja um criador de equipes e apoie os esforços e talentos das pessoas. Participação é a palavra-chave. Apoie-se fortemente na equipe, transfira a ela as discussões sobre objetivos e metas, as decisões importantes, a escolha dos meios e métodos, a retroação dos resultados. Consulta e comunicação são fundamentais. O consenso é o segredo do sucesso. Faça com que as pessoas se sintam importantes e elas o farão mais importante ainda.
4. **Dê o exemplo**: utilize um modelo de papel consistente que as pessoas possam e desejam desempenhar. Transparência e objetividade são os meios principais para isso. Total abertura quanto à abordagem dos problemas e das soluções, muita franqueza e sinceridade.
5. **Celebre as realizações**: traga a emoção ao local de trabalho e junte a mente e o coração nas tarefas diárias. Reconheça, festeje e congregue as pessoas. Faça de sua equipe um verdadeiro time integrado e coeso que participa de todo o negócio. A missão e a visão devem ser discutidas frequentemente à medida que os objetivos são definidos, alcançados e redefinidos.

Além disso, em qualquer situação, o líder desempenha papéis relacionados com a tarefa e com as pessoas nela envolvidas.

Quadro 4.6 Quais são as funções do líder?[11]

Papéis relacionados com a tarefa	Papéis relacionados com as pessoas
■ Definição do problema para o grupo ■ Solicitação de fatos, ideias, sugestões ou opiniões dos membros ■ Proposição de fatos, ideias ou sugestões para o grupo ■ Esclarecimento de situações confusas ■ Proposição de exemplos	■ Apoio às contribuições pessoais ■ Encorajamento por meio do reconhecimento ■ Avaliação do moral do grupo e ajuda aos membros para percebê-lo ■ Redução da tensão e reconciliação de conflitos e desentendimentos ■ Modificação de posturas e aceitação de erros
■ Orientação geral ■ Sumarização das discussões ■ Verificação de quando se alcança uma conclusão ou consenso	■ Facilitação da participação dos membros ■ Avaliação da eficácia do grupo

4.3.2 O caminho-meta ou a ênfase nos objetivos

A Teoria do Caminho-meta ou Teoria Voltada para os Objetivos é uma teoria contingencial que se preocupa em estudar como o líder influencia a percepção das metas de trabalho dos subordinados, suas metas de autodesenvolvimento e os caminhos para atingir tais metas.[12] A Teoria do Caminho-meta (ou Meios-objetivos) afirma que a responsabilidade do líder é aumentar a motivação dos subordinados para atingir objetivos individuais e organizacionais. Seu fundamento reside na Teoria da Expectância: as atitudes, a satisfação, o comportamento e o esforço de um indivíduo no trabalho podem ser previstos a partir dos seguintes aspectos:

- Grau em que o trabalho ou o comportamento é percebido pela pessoa como o caminho que leva a resultados (expectativas).
- Preferências da pessoa por esses resultados (valências).

As pessoas estão satisfeitas com seu trabalho se acreditam que esse trabalho as levará a resultados desejáveis e trabalharão mais se sentirem que esse trabalho dará frutos compensadores. A consequência desses pressupostos para a liderança é que os liderados serão motivados pelo comportamento ou pelo estilo do líder à medida que esse estilo ou esse comportamento influencia as expectativas (caminhos para a meta) e as valências (atratividade da meta).

As pesquisas revelaram que os líderes são eficazes quando fazem com que as recompensas estejam ao alcance dos subordinados e quando fazem com que essas recompensas dependam da realização de metas específicas, por parte dos subordinados.[13] Grande parte do trabalho do líder é mostrar ao liderado o tipo de comportamento que tem maior probabilidade de levar à consecução da meta. Essa atividade é conhecida como esclarecimento do caminho, como mostra a Figura 4.7.

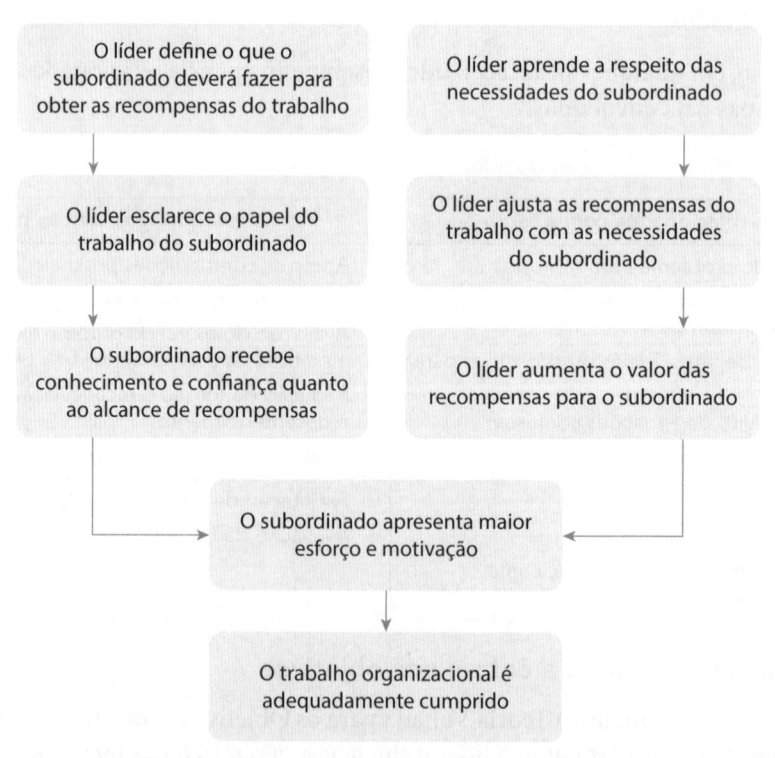

Figura 4.7 Os papéis do líder no modelo de caminhos-meta.[14]

4.3.3 Aplicações práticas

Nesse complicado cipoal de teorias a respeito da liderança, surgem algumas conclusões de ordem prática para o administrador dirigir as pessoas. House e Dessler[15] propõem quatro tipos específicos de liderança:

1. **Líder apoiador**: é o líder que se preocupa com os assuntos, com o bem-estar e com as necessidades das pessoas. O comportamento do líder é democrático e aberto, criando um clima de equipe e tratando os subordinados como iguais.
2. **Líder diretivo**: é o líder que explica aos subordinados exatamente aquilo que ele pretende fazer. O comportamento do líder inclui planejamento, programação de atividades, estabelecimento de objetivos de desempenho e padrões de comportamento, além de aderência às regras e aos procedimentos.
3. **Líder participativo**: é o líder que consulta os subordinados a respeito de decisões. Inclui perguntas sobre opiniões e sugestões, encorajamento de participação na tomada de decisões e reuniões com os subordinados em seus locais de trabalho. O líder participativo encoraja a discussão em grupo para obter sugestões e utiliza as ideias dos subordinados nas decisões.
4. **Líder orientado para metas ou resultados**: é o líder que formula objetivos claros e desafiadores aos subordinados. O comportamento do líder enfatiza desempenho de alta qualidade e melhorias sobre o desempenho atual. Mostra confiança nos subordinados e os ajuda na aprendizagem de como alcançar objetivos mais elevados para melhorar continuamente o desempenho, como na Figura 4.8.

Situação	Comportamento do líder	Impacto sobre o subordinado	Resultado
Subordinado não tem autoconfiança	Liderança suportiva	Aumentar a confiança dos subordinados para alcançar as recompensas do trabalho	Maior esforço, melhor desempenho e maior satisfação
Trabalho ambíguo	Liderança diretiva	Esclarecer os caminhos para obter as recompensas	
Falta de desafio do trabalho	Liderança participativa	Diagnosticar as necessidades dos subordinados e ajustar as recompensas	
Recompensas inadequadas	Liderança orientada para resultados	Estabelecer objetivos elevados e desafiadores	

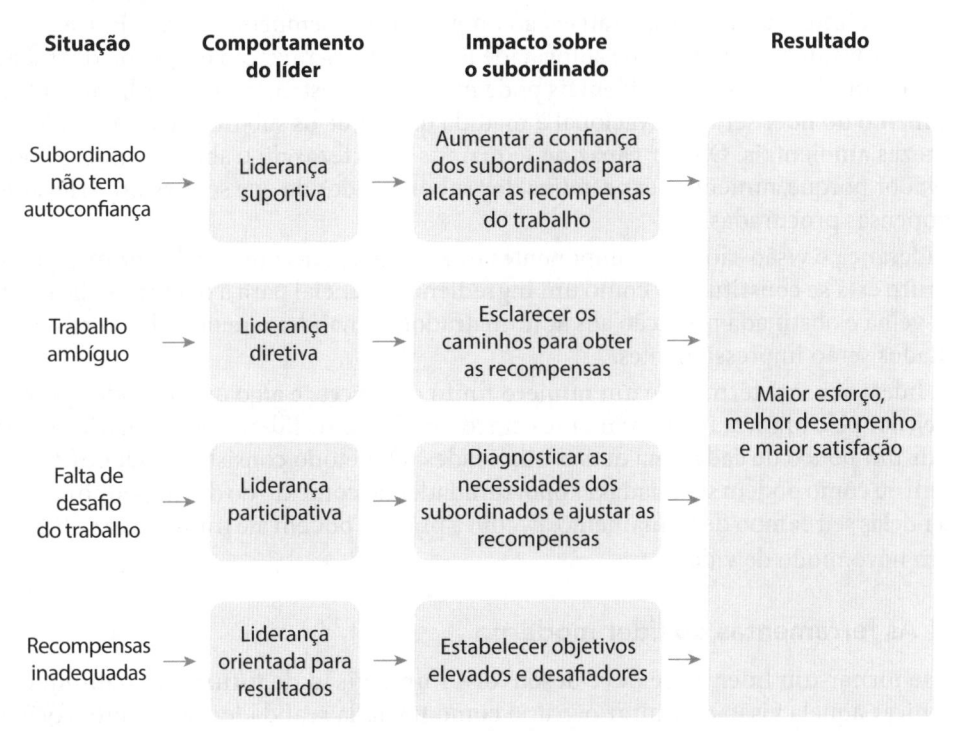

Figura 4.8 Situação de caminhos-meta e comportamentos adequados de liderança.[16]

Esses quatro tipos de liderança podem ser praticados pelo mesmo líder, em várias situações, conforme o resultado da pesquisa. A abordagem voltada para a meta sugere mais flexibilidade do que o modelo contingencial. A Teoria do Caminho-meta levou ao desenvolvimento de duas proposições importantes:[17]

1. **O comportamento do líder é aceitável e satisfatório**: à medida que os subordinados sentem tal comportamento como fonte imediata de satisfação e como instrumento de satisfação futura.
2. **O comportamento do líder será motivacional**: à medida que torne a satisfação das necessidades dos subordinados dependente do desempenho eficaz e à medida que complete a situação, fornecendo orientação, clareza de direção e as recompensas necessárias para um desempenho eficaz.

Segundo a Teoria do Caminho-meta, os líderes devem aumentar o número e os tipos de recompensas para os subordinados. Além disso, devem proporcionar orientação e aconselhamento para mostrar como essas recompensas podem ser obtidas. Isso significa que o líder deve ajudar os subordinados a terem expectativas realistas e a reduzirem as barreiras que impedem o alcance das metas.

A Teoria do Caminho-meta considera dois tipos de variáveis importantes: as características pessoais dos subordinados e as pressões e exigências do meio, que devem ser enfrentadas pelos subordinados para que possam atingir as metas. De um lado, uma característica pessoal dos subordinados é a percepção quanto à sua própria capacidade e habilidade. Quanto mais o subordinado percebe sua capacidade relativa às exigências da tarefa, menos aceitará o estilo de liderança diretivo.

As variáveis ambientais incluem fatores que não estão sob o controle do subordinado, mas que são importantes para a satisfação ou para um desempenho eficaz. Entre esses fatores estão as tarefas, o sistema de autoridade formal da organização e o grupo de trabalho. Qualquer um desses fatores ambientais pode motivar ou restringir o subordinado. O comportamento do líder será motivacional à medida que ajude os subordinados a aceitarem as incertezas ambientais. O líder capaz de reduzir as incertezas do trabalho é tido como um motivador porque aumenta a expectativa dos subordinados de que seus esforços levarão às recompensas procuradas.

Liderança e visão são dois componentes que se interpenetram. Cada vez mais, a visão do futuro está se constituindo como um ingrediente essencial para a liderança eficaz. Daí a nossa velha e obstinada pregação aos administradores: mandem menos e liderem mais. Os resultados serão impressionantes.

A liderança, em termos de um número finito de lances, é algo que se pode aprender e aperfeiçoar pela prática. Para dominar os cinco princípios da liderança visionária, é preciso possuir um pouco de cada uma dessas qualidades. O método consiste em identificar onde existem ou como podem ser criadas as oportunidades no contexto do desempenho cotidiano e fazer delas seu campo de treinamento. E, com a prática, podem até transformar a liderança em um novo modo de vida.

4.3.4 As ferramentas do líder moderno

Para se tornar um líder, você deve desenvolver uma visão de futuro, ter habilidade em comunicar aquela visão e inspirar o grupo como torná-la realidade. Para tanto, você deve possuir algumas condições básicas:

- **Credibilidade**: é o primeiro componente em que se fundamenta toda a liderança. Como a liderança é um processo entre líder e liderados, as pessoas devem acreditar e confiar no líder. No fundo, a liderança é uma relação de conexão entre aspirações humanas entre líder e seguidores. Em outras palavras, o líder deve ter características de honestidade, competência, inspiração, inteligência, deve ser apoiador, orientador, cooperativo, determinado, imaginativo, ambicioso, corajoso, maduro, autocontrolado e independente. Deve saber olhar para frente e para o futuro.
- **Alvo ou visão pessoal**: espécie de figura do futuro que o líder pretende em sua vida ou em seu trabalho. O alvo faz com que o líder focalize mais os resultados ou propósitos do que os meios para alcançá-los. Os meios servem para alcançar resultados ou fins desejados. É o senso de propósito que dá à vida ou ao trabalho um sentido claro e um forte apelo.
- **Comunicação**: é o terceiro componente da liderança. Se a liderança é decorrente de um relacionamento, a comunicação torna-se essencial. E ela tem duas direções: o líder e os seguidores. Enquanto o líder tem o sentido de propósito capaz de engajar os seguidores em uma jornada comum, ele tem a necessidade de comunicar. Isso envolve ouvir e falar. O líder precisa convencer as pessoas para poder influenciá-las e inspirá-las. Precisa desenvolver suas habilidades de comunicação, o que envolve saber ouvir, falar, escrever, argumentar, apresentar, perguntar, esclarecer, admitir erros, inspirar, aprovar e recompensar. Ou seja, assegurar que os seguidores compreendam e assumam uma visão compartilhada. A comunicação alimenta as relações entre líder e seguidores e proporciona reforço positivo (retroação) entre eles.
- **Espírito de realização ou espírito empreendedor**: é o quarto componente e possui duas dimensões – aumento da credibilidade do líder e habilidade em estabelecer e alcançar patamares que levam à visão. De um lado, a credibilidade do líder é afetada pelo alcance de objetivos. A capacidade de realizar e de estabelecer desafios é essencial para obter colaboração dos seguidores. No fundo, as pessoas são conduzidas tanto pelos resultados quanto pelo exemplo do líder.

4.4 AS MUDANÇAS INDIVIDUAIS COMO BASE DAS MUDANÇAS ORGANIZACIONAIS

Covey,[18] consagrado especialista em liderança, lembra muito bem que, para que as organizações possam ser transformadas, torna-se necessário antes fazer o mesmo com cada pessoa que dela faz parte. É o mesmo que imaginar que uma cultura pudesse ser transformada sem que os indivíduos que a compõem se transformassem primeiro. É isso que gera o seguinte tipo de pensamento: "tudo nesta organização precisa mudar; menos eu". Se todas as pessoas fizerem o mesmo, esqueça a transformação –, ela simplesmente não acontecerá nunca, nem a pauladas. A transformação tem início no momento em que cada pessoa se compromete intimamente a mudar. A transformação individual deve acompanhar a transformação organizacional, sob pena de haver duplicidade e cinismo. Tentar mudar uma cultura ou um estilo de direção sem primeiramente transformar os próprios padrões de hábito é como tentar melhorar seu tênis sem antes desenvolver os músculos que permitem jogar melhor. Algumas coisas devem necessariamente preceder a outras. Não se pode aprender a correr sem antes ter aprendido a andar, e não se aprende a andar sem antes ter aprendido a engatinhar.

Covey acrescenta que nada mudará do jeito que gostaríamos que mudasse em nossas nações, organizações e famílias até que nós mesmos mudemos e nos tornemos parte da solução que buscamos. Trata-se de fazer parte da solução, e não parte do problema. Assim, Covey propõe 10 chaves mestras para a transformação em qualquer lugar e a qualquer momento:

1. **Conscientização**: a transformação somente tem seu início com a clara consciência da necessidade de mudar. Precisamos ter perfeita noção de onde estamos em relação a onde queremos estar. O primeiro passo é fazer a cabeça das pessoas a respeito da necessidade e da direção da mudança.
2. **Envolvimento**: o passo seguinte é entrar em um processo de missões conjuntas, alinhando a missão pessoal e individual com a missão da organização. Esse processo é realizado por meio do envolvimento e da participação. As pessoas têm de decidir por si sós que impacto as transformações exercerão sobre elas e sua esfera de influência. Quando as pessoas compartilharem a mesma missão, haverá um reforço na cultura para ajudar a solidificar as transformações. O segundo passo é envolver as pessoas no processo de mudança.
3. **Segurança interior**: o terceiro passo é construir um senso de segurança interior com relação à mudança. Quanto menos segurança interior as pessoas têm, menos elas conseguem se adaptar à realidade externa. As pessoas não irão mudar por conta própria, a não ser que tenham segurança de que o tapete não será puxado. Se aquilo que lhes dá segurança é algo que está fora delas, elas enxergarão as mudanças como ameaças. É necessário um profundo sentimento de permanência e de segurança. O terceiro passo é assegurar segurança às pessoas.
4. **Legitimação**: o passo seguinte é procurar legitimar as transformações em nível pessoal. As pessoas precisam reconhecer a necessidade da mudança e o preço a pagar pela sua satisfação. É preciso proceder a uma mudança de mentalidade e de habilidades e, para consegui-la, as pessoas devem pagar o preço em termos de desenvolvimento. Toda mudança envolve certo custo pessoal e as pessoas devem sentir que vale a pena pagá-lo. O quarto passo é legitimar as mudanças na mente de cada pessoa.
5. **Responsabilidade pelos resultados**: as pessoas precisam assumir a responsabilidade pessoal pelos resultados a alcançar. A pergunta é: até que ponto esse desenvolvimento deve caber à organização ou ao indivíduo? E a resposta é: cabe a cada indivíduo ser competente. Cada pessoa deveria considerar a organização como um recurso, um meio, uma ferramenta para desenvolver suas competências pessoais. A organização, não mais como reguladora, fiscalizadora e coercitiva, mas como provedora, orientadora e incentivadora do desenvolvimento humano. Para conseguir isso, a organização deve oferecer o ambiente adequado que dê apoio e impulso às pessoas para que elas adquiram conhecimentos e habilidades necessárias para seu sucesso e as oportunidades para que ponham em prática as novas habilidades e conhecimentos. O quinto passo é incentivar, desenvolver e dar oportunidades às pessoas.
6. **Enterre o velho**: a rejeição ao obsoleto deve ser acompanhada da construção do novo. Simbolicamente, enterra-se um e batiza-se o outro. Descongela-se o arcaico e recongela-se o novo. Desaprende-se um para aprender o outro. Essa transição – que deve ser constante – é que conduz à mudança e à transformação. A aprendizagem representa o

abandono dos velhos e a incorporação de novos hábitos mais adequados. Veremos isso mais adiante.

7. **Abrace o novo caminho com espírito de aventura**: o próprio processo de transformação também precisa se transformar constantemente. Em primeiro lugar, a organização precisa ser centrada em leis naturais e em princípios duradouros. Caso contrário, não se terá o fundamento necessário para dar suporte às iniciativas de reforma e de mudança. Os líderes centrados em princípios criam uma visão comum e reduzem as forças limitadoras.
8. **Espírito aberto**: é necessário que se esteja sempre aberto e receptivo a novas opções, com imunidade para a rigidez. Ter em mente uma meta final e buscar uma solução sempre melhor do que a atual, e partir sempre para novas alternativas e soluções criativas. A melhoria contínua é decorrência dessa abertura mental.
9. **Sinergia**: busque sinergia com outros interessados no processo. Quando as pessoas se sentem compreendidas e valorizadas, elas podem transformar-se a seu próprio modo em vez de mudar seguindo alguma norma, clone, ordem ou mandato. Ao ser apreciada, a diversidade dá lugar para a sinergia, e a sinergia reforça tremendamente as transformações.
10. **Propósito transcendental**: os interesses gerais devem sempre prevalecer em relação aos individuais e particulares. Quando as pessoas enxergam o mundo em termos de "nós contra eles", entram em um processo de transações pessoais, e não de transformações sociais.

Covey[19] arremata afirmando que os líderes eficazes são aqueles que "transformam" pessoas e organizações, promovem mudanças em suas mentes e em seus corações, ampliam sua visão e sua compreensão, esclarecem as metas, tornam os comportamentos congruentes e consonantes com as crenças, os princípios e os valores e implementam transformações permanentes, que se autoperpetuam e cujo ímpeto e intensidade é cada vez maior. É uma verdadeira bola de neve.

Chegamos, então, à conclusão de que liderança não é um assunto simples nem corriqueiro, tampouco pode ser resumido em apenas alguns poucos aspectos. Essa é uma das razões pelas quais existem tantas teorias a respeito de liderança, bem como uma das razões pelas quais existem poucos líderes em nossas organizações.

QUESTÕES PARA REFLEXÃO E DEBATES

1. Em quais bases se pode apoiar o estilo de liderança? Qual delas você priorizaria? Por quê?
2. Como você poderia transformar a liderança em uma ferramenta pessoal?
3. Explique as funções básicas do líder.
4. Comente os três estilos de liderança e suas características. Qual deles você priorizaria? Por quê?
5. Explique os estilos de liderança orientados para as pessoas e para as tarefas.
6. Comente a grade gerencial e seus vários estilos gerenciais. Qual deles você priorizaria? Por quê?
7. Comente a escolha de padrões de liderança. Explique as forças que condicionam os padrões de liderança.

8. Explique as posturas fundamentais para a liderança eficaz.
9. Como utilizar o caminho-meta ou a ênfase nos objetivos para liderar as pessoas?
10. Quais os papéis do líder no modelo de caminhos-meta? Comente as mudanças individuais como base das mudanças organizacionais.

REFERÊNCIAS

1. KOTTER, J. P. *Leading change*. Boston: Harvard Business School Press, 1996. p. 26.
2. FRENCH, J. R. P.; RAVEN, B. The bases of social power. *In*: CARTWHIGTH, D.; ZANDER, A. F. (orgs.). *Group dynamics*. Evanston: Row, Peterson & Co., 1960. p. 607-623.
3. SHERMERHORN, JR., J. R. *Management*. New York: John Wiley & Sons, 1996. p. 321.
4. HICKS, H. G.; GULLETT, C. R. *Organizations*: theory and behavior. Tokyo: McGraw-Hill Kogakusha, 1975. p. 306-307.
5. CHIAVENATO, I. *Administração de empresas*: uma abordagem contingencial. São Paulo: Makron Books, 1995. p. 437-440.
6. LIKERT, R. *Novos padrões de administração*. São Paulo: Pioneira, 1971.
7. BLAKE, R.; MOUTON, J. *The managerial grid*. Houston: Gulf, 1964.
8. TANNENBAUM, R.; SCHMIDT, W. How to choose a leadership pattern. *Harvard Business Review*, p. 162-180, May-June 1973.
9. TANNENBAUM, R.; SCHMIDT, W. How to choose a leadership pattern. *Harvard Business Review*, p. 162-180, May-June 1973.
10. SCHERMERHORN JR., J. R. *Management*. New York: John Wiley & Sons, 1996. p. 321.
11. CHIAVENATO, I. *Gerenciando com as pessoas*: o passo decisivo para a administração participativa. Barueri: Manole, 2016.
12. HOUSE, R. J. A path-goal theory of leadership effectiveness. *Administrative Science Quarterly*, p. 321-329, Sept. 1971.
13. EVANS, M. G. The effects of supervisory behavior on the path-goal relationship. *Organizational Behavior and Human Performance*, p. 277-298, May 1970.
14. BASS, B. M. Leadership: good, better, best. *Organizational Dynamics*, v. 13, p. 26-40, 1985.15. HOUSE, R. J.; DESSLER, G. The path-goal theory of leadership: some post hoc and a priory tests. *In*: HUNT, J. G. (org.). *Contingency approaches to leadership*. Carbondale: Southern Illinois University, 1974.
16. YUKI, G. A. *Leadership in organizations*. Englewood Cliffs: Prentice-Hall, 1981. p. 146-152.
17. HOUSE, R. J.; DESSLER, G. The path-goal theory of leadership: some post hoc and a priory tests. *In*: HUNT, J. G. (org.). *Contingency approaches to leadership*. Carbondale: Southern Illinois University, 1974.
18. COVEY, S. As dez chaves para uma era de mudança. *Exame*, ed. 609, p. 64-66, 8 maio 1996.
19. COVEY, S. As dez chaves para uma era de mudanças, *op. cit.*

Acesse à Sala de Aula Virtual para obter conteúdos complementares e aprofundar seus conhecimentos sobre o tema deste capítulo.

5 FELICIDADE NA EMPRESA

Empresa Feliz como Alternativa para a Continuidade da Organização

Francisco Gomes de Matos

A sociedade organizacional está em crise por causa da falência dos modelos.

Os paradigmas da normalidade artificial não resistem aos novos tempos de transformações rápidas e radicais. A eficiência deixou de ser a base referencial à produtividade, da mesma forma que as relações hierarquizadas de poder e de regulamentação das comunicações. A tecnologia deixou de representar o exercício eficiente para ser instrumento da desestabilização e das ações *on-line*. O paradigma vitorioso é agir rápido, lucrar logo e descartar ligeiro, em favor de novas demandas e propostas. Pratica-se o caos como "ciência", produz-se o **estresse**, subverte-se o processo produtivo com a introdução da lógica do ganho financeiro. Todavia, o voo da borboleta em Tóquio pode produzir a queda das bolsas em todo o mundo! Qual é a estratégia para viver a instabilidade? Sacrificar valores e ignorar regras tradicionais?

Qual é a segurança, na ausência de modelos que garantam o mínimo de estabilidade necessária à continuidade de qualquer projeto?

> Sobre areias movediças não se constrói para o futuro.

É necessária uma base sólida de valores que ofereça os princípios geradores de diretrizes para a ação. São crenças que moldam o comportamento. Sem um arcabouço conceitual, que se traduz em verdades comuns, resta o aventureirismo, sob várias aparências acobertadoras. E estas não resistem às incertezas por falta de consistência.

A avalanche universal de debacles econômicas, quebra de empresas colossais, fusões, encampações e desemprego em larga escala sinalizam que as bases estão ruindo. A globalização é o modelo que está se autodestruindo ao negar-se **como** processo produtivo e estimular a especulação financeira e a dominação. A "guerra competitiva", como toda representação bélica, começa pelo sacrifício dos valores, principalmente o da valorização humana.

A concepção neoliberal, requinte da prevalência do capital, vê o homem como instrumento de mercado. A ênfase é mercadológica, e não humana. O que vale é a troca, o homem é o troco. Aquilo que sobra.

Se esse é o modelo praticado, o desastre é mais que lógico: vive-se da instabilidade e do sentimento de que "o pior está por vir!".

Não se trata, portanto, de buscar simplesmente um modelo, mas de resgatar valores e estabelecer uma filosofia de empresa. Estamos falando de uma filosofia social, válida para qualquer instituição, inclusive, e principalmente, para a gestão de governo das nações.

Empresa feliz não é só uma teoria de qualidade de vida no trabalho, o que já seria muito, mas um modelo de empresa com as características exigidas pelas organizações, nesse mundo em transformação acelerada.

O pressuposto fundamental do modelo filosófico é que, sendo a felicidade a aspiração maior do ser humano, só pessoas felizes são realmente produtivas. Felicidade deve ser o objetivo de qualquer empresa e, como tal, não só precisa ser viável, como é imprescindível. Isso demanda política, estratégia e competência gerencial em um novo estilo de liderança à base de verdades comuns. Este é o ponto essencial do modelo: lideranças integradas por um mesmo pensamento filosófico-estratégico.

> O homem é a referência fundamental. E o que ele mais deseja é ser feliz.

A causa mais grave e frequente para o insucesso das empresas é a desintegração das lideranças, por feudos de poder, que gera a tragédia que denominamos arquipélago organizacional. São várias "verdades" e, ao mesmo tempo, nenhuma verdade que realmente sirva para transformar o conflito predador em diferenças no pensar que enriqueçam o pensar coletivo. Não estou me referindo às divergências que desagregam, mas às diferenças que se complementam em uma nova construção. Isso é renovação.

A liderança renovadora, que defendemos, tem esse compromisso solidário, base estratégica para desenvolver a visão comum, objetivos comuns e resultados mutuamente compensadores. O envolvimento periférico não deixa espaço para o comprometimento, concretizado somente pela comunhão de ideias, ideais, sentimentos e amizade. Isso mesmo: deve-se investir em uma comunidade de amigos, algo diferente do coleguismo epidérmico que artificializa as reais motivações cooperativas – estimulado pela filosofia do "ganhar *versus* perder" e que se entranhou nos espíritos, tornando-se técnica de gestão. A desagregação é visível nos momentos críticos e não deveria surpreender.

O inconsciente das organizações projeta a absurda imagem de que a infelicidade é o preço do sucesso, transformando frequentemente a empresa em selva e em campo de batalha, com manuais de sobrevivência e marketing de guerra, como enfatizamos no livro *Empresa Feliz*. Flexibilidade, reengenharias, equipes autogerenciadas e tantas outras inovações esbarram no despreparo das lideranças em formar, integrar e desenvolver equipes. Não existe liderança organizacional, existem líderes individualistas e, assim, não há equipes na dinâmica empresarial. Esse é o grande entrave às propostas de novas estruturas, adaptáveis às transformações sociais.

Pensou-se na tecnologia, mas não na integração de equipes. O homem foi negligenciado e paga-se o preço da desordem e das perplexidades.

É difícil pensar em felicidade em termos individuais. Cada homem tem exigências próprias. É totalmente possível e desejável, todavia, que se crie um meio estimulador que induza a comportamentos felizes, ao "estar bem" na atividade produtiva. É fundamental que as organizações sejam felizes, ou seja, com cultura e clima motivadores à felicidade.

A estratégia para uma sociedade renovada implica ação continuamente transformadora sobre as culturas organizacionais.

Portanto,

- Só se efetiva uma eficaz melhoria do homem aperfeiçoando-se as organizações das quais ele participa.

Decorre daí diretriz básica para a empresa feliz:

- Homens em renovação, em uma organização em renovação contínua.

O arcabouço conceitual do modelo empresa feliz apoia-se em quatro colunas ou quatro grandes redescobertas, como conquistas das Ciências Humanas Aplicadas à realidade organizacional.

Vamos tentar esboçar, em breves sinopses, os pontos essenciais:

Redescoberta do homem

O ser humano torna-se cada vez mais livre e mais líder. Maior liberdade. Maior conhecimento. Maior poder de influência.

- Todos influenciam e são influenciados o tempo todo, daí o exercício da liderança generalizar-se, em uma relação política, nas organizações. A empresa configura-se como uma comunidade vivencial de aprendizagem.

- Na empresa, o gerente, cuja função é formar equipes integradas e desenvolver pessoas para resultados, tem como papel liderar e, como tal, ser um gerente educador.

- A plenitude do ser humano no trabalho, como em qualquer outra situação de vida, implica a observância de **quatro polos existenciais: fé, amor, trabalho e lazer**, de cujo equilíbrio advém a harmonização, que caracteriza o bem-estar e a felicidade.

- O fator QF – quociente de felicidade – representa as condições de bem-estar psicoemocionais e físicas no trabalho e é fundamental para a produtividade.

Redescoberta do cliente

Mais educado e mais exigente. É assim que se comporta o cliente na nova sociedade do conhecimento.

- O marketing massificado esgotou-se como modelo dominante. A preocupação estratégica, hoje, é com o **cliente personalizado**, que implica comprometimento com a qualidade de vida. Daí o enfoque estratégico ser a **ecologia das organizações**, a excelência ambiental.

- Expressões como "o cliente é o rei" não são precisas. O cliente é, pura e simplesmente, a razão de ser da empresa.

A administração voltada ao cliente valida o conceito de empresa como prestadora de serviços a necessidades autênticas. Não há espaço para a visão míope, centrada exclusivamente nos negócios. Estes são conjunturais, transitórios, modificáveis, substituíveis, enquanto a empresa, comprometida com gente e com estratégias globais, é permanente.

Redescoberta da organização flexível

A organização configura-se como instrumento facilitador, propiciando participação e criatividade.

- O modelo de organização burocrática, ainda vigente, embora se negue, torna-se, em face das novas realidades situacionais, intolerável diante da rigidez e autocracia que embotam o desenvolvimento humano e organizacional.
- As palavras de ordem, hoje, são: globalização, parceria, descentralização, solidariedade, renovação e integração.
- O conceito de liderança integrada é fundamental. É imprescindível que as lideranças na empresa se comprometam com verdades comuns para serem coerentes na ação política e estratégica.
- Em geral, as empresas têm diretores, mas não têm diretoria, daí todos os desacertos.
- As lideranças integram-se, não por tecnologias, mas por ideias e sentimentos.
- A organização flexível é menos uma questão de estrutura do que de adoção de filosofia, política e estratégia de valorização humana, participação e corresponsabilização por resultados.
- A delegação de autoridade é, nesse sentido, o instrumento essencial de gerência para afirmação do homem, em sua dignidade e competência.
- A organização flexível possibilita que o homem realize o trabalho e se realize nele.

Redescoberta da cidadania

Com a crescente consciência de dignidade da pessoa humana e também com a maior contribuição à causa comum, o termo **participação** ganha consistência e expressão de força criativa.

- Só há desenvolvimento autêntico com a afirmação da cidadania e do sentido ético de vida.
  A Ética não se confunde com regras, mas com a vida e a felicidade. Disposição para obedecer ao não obrigatório é a melhor definição de consciência ética.

Fundamentados nesses indicadores, completamos a seguir o arcabouço conceitual em quatro dimensões de empresa, como pilares sobre os quais construímos o modelo de empresa feliz:

1. **Empresa profissionalizada**
   Não são as competências que garantem realizações duradouras, mas a **organização competente**. Integração das lideranças e educação empresarial são condições fundamentais.

2. **Empresa descentralizada**
   A centralização trava o desenvolvimento. Só com o exercício da delegação de autoridade, por todo o sistema gerencial, efetivam-se a qualidade e a expansão das organizações.
3. **Empresa moderna**
   A modernidade não se traduz em sofisticações de aparência nem na adoção da tecnologia sem alma. Demanda consistência interna para haver coerência externa: filosofia empresarial, inovação e marketing integrados.
4. **Empresa humana**
   A valorização humana é requisito essencial, orientando políticas e estratégias. Participação, corresponsabilização, solidariedade, equipe, liderança e felicidade são referenciais de uma organização humanizada e humanizante.

Assim, definimos empresa feliz como: empresa **bem administrada,** com ênfase na **valorização humana**, na **lucratividade sustentada** e na **renovação contínua**.

1. **Empresa bem administrada**
   É a organização dirigida com Visão Estratégica, que implica capacidade de ver o todo, descortinar cenários, identificar oportunidades/ameaças e arquitetar o mapa de operações.
   Entendemos por "empresa bem administrada" aquela que cumpre essencialmente as seguintes funções:
   - **Planejamento**: exercita o desenho de cenários que conduz ao levantamento de alternativas como base para as decisões estratégicas.
   - **Organização**: com a previsão e provisão das pessoas, dos modelos de operação e das tecnologias necessárias para a efetividade empresarial.
   - **Liderança**: com a adoção de estilos de gestão participativa, desenvolvendo pessoas e formando equipes integradas.
   - **Avaliação**: considerando-se que sem um bom sistema de apuração de erros e acertos não se constrói a normalidade e a eficácia.
   - **Replanejamento**: é o elo que completa e dinamiza o circuito sistêmico com a correção, a prevenção e as melhorias que garantam a renovação contínua.

2. **Valorização humana**
   A valorização do homem no trabalho está vinculada a duas diretrizes essenciais:
   - **Polos existenciais**: que garantem as condições motivacionais básicas à plenitude humana: fé, amor, trabalho e lazer. É o equilíbrio na satisfação dessas necessidades que irá condicionar o estado de felicidade do homem, em qualquer situação.
   - **Política de desenvolvimento humano**: com as normas e as práticas institucionalizadas para a integração humana no trabalho.

3. **Lucratividade sustentada**
   - Sustentamos que **lucro** é o **objetivo do negócio** e que **prestar serviços** é o **objetivo de empresa.** A confusão conceitual na interpretação prática desses enfoques leva a inúmeras distorções, atingindo a imagem institucional. A obsessão pelo lucro cria a empresa aventureira e o executivo predador, cuja missão assumida é a de destruir o concorrente, que acaba sendo seu próprio colega.

Vemos a ética do lucro e sua destinação ao contemplar quatro objetivos:

- **Empresa**: reinvestir em seu desenvolvimento.
- **Capital**: remunerar os investidores e gestores.
- **Trabalho**: remunerar os agentes produtivos.
- **Comunidade**: contribuir para a melhoria social.

4. **Renovação contínua**

   Todo ser em movimento está se renovando. Caso contrário, entra em desordem regressiva. A renovação contínua implica duas considerações:

   - **Sociedade em mudança**: a aceleração dos processos de transformação social, com a tecnologia, criou o impacto da informação e da exigência do conhecimento renovado.
   - **Educação empresarial**: para atender às novas demandas e compromissos, a empresa precisa estar permanentemente em processo de educação, renovando-se ela própria para garantir a cultura necessária para a melhoria dos seus quadros.

   Desse modo:

   - **Reflexão em equipe**: é fundamental estimular as pessoas a pensar, já que as condições de trabalho na empresa se concentram em muita ação e pouca reflexão.
   - **Pensamento estratégico**: como o pouco pensar nas organizações induz a ações reativas, é importante desenvolver a leitura interativa e outros processos reflexivos como estímulo ao Pensamento Estratégico.

5.1 INSTRUMENTOS PARA IMPLEMENTAR O MODELO DE EMPRESA FELIZ

A empresa feliz, como empresa bem administrada, pressupõe o exercício de uma variedade de instrumentos organizacionais que, integrados e em conjunto, criam a ambiência própria para a felicidade e a produtividade.

Esses instrumentos estão explicitados no livro *Empresa feliz*:

1. **Comitê estratégico**
   - Espaço institucional de reflexão crítica sobre a situação da empresa e suas perspectivas.
   - Lideranças pensando a realidade, com visão de futuro.

2. **Fórum estratégico**
   - Encontros periódicos de avaliação estratégica com as lideranças do sistema empresarial.
   - Manter viva e em desenvolvimento a consciência crítica das gerências e suas propostas renovadoras.

3. **Oficina de liderança**
   - Dinâmicas de formação visando habilitar as gerências à liderança de equipes.

- Treinar líderes, exercitando-os na prática de liderança, em "laboratórios de vivência". Formar o líder dos líderes.

4. **Ciclo de felicidade no trabalho**
   - Metodologia e prática da participação, cooperação espontânea e criatividade no ambiente de trabalho para estimular o QF.

5. **Balanço situacional**
   - Exercício regular, em equipe, de análise das transformações ocorridas no período, sob a ótica de "ganhos e perdas".

6. **Mapa para formulação da estratégia de empresa**
   - Instrumento de gestão para estruturar Planejamentos Estratégicos.

7. **Exercício de filosofia de empresa**
   - Instrumento de pesquisa de valores que visa consolidar e enriquecer os princípios filosóficos da empresa.

8. **Negociação interdepartamental**
   - Processo de integração gerencial, em todos os níveis, na linha da relação **fornecedor/produtor/cliente**.

9. **Educação gerencial interativa a distância**
   - Método de ensino a distância dentro das organizações.
   - Consideração de que "a distância" é mais cultural, social e psicológica do que espacial.

10. **Pesquisa de clima**
    - Avaliação periódica do moral na empresa.

11. **Monitoria de renovação contínua**
    - Monitoramento estratégico no local de trabalho.

5.2 FUNDAMENTOS DA EMPRESA FELIZ

Como reforço ao entendimento conceitual e ao alcance estratégico do modelo de empresa feliz, sintetizamos seus fundamentos:

1. Possuir uma filosofia básica, compreendida e aceita por todos como condição essencial à cultura organizacional aberta e em renovação.
2. Estruturar a integração das lideranças com base nas verdades comuns e no comprometimento com objetivos e metas negociadas.
3. Centrar toda a força na equipe, e não no individualismo heroico e predatório.
4. Realizar, por meio do conceito de gerente educador, o ideal de uma comunidade vivencial de aprendizagem, na qual todos ensinam e todos aprendem.
5. Estimular, por meio da delegação de autoridade, o autodesenvolvimento, a competência e o gosto por decisões críticas e a percepção para as oportunidades.

6. Desenvolver pela educação no trabalho a consciência ética, a cidadania, o humanismo e a solidariedade como fundamentos para a gestão de conflitos e um harmonioso relacionamento interpessoal.
7. Centrar suas políticas na plenitude do homem e na produtividade, identificadas com os quatro polos existenciais: **fé, amor, trabalho e lazer**, e nas quatro dimensões organizacionais: **empresa profissionalizada, descentralizada, moderna e humana**.
8. Buscar a lucratividade sustentada pelo sentido de parceria – **empresários/empregados/clientes/fornecedores/comunidade** – na linha da corresponsabilização para com a perpetuidade empresarial.
9. Preocupar-se estrategicamente em realizar a plena satisfação das equipes de trabalho, em uma organização flexível e aberta às inovações.
10. Conquistar a convicção e a adesão de todos para a diretriz essencial da filosofia de empresa: **homens em renovação em uma organização em renovação contínua**.

5.3 CICLO DE FELICIDADE NO TRABALHO – O FATOR QF

O ciclo de felicidade no trabalho que temos desenvolvido em várias organizações visa promover nas unidades produtivas (lojas, departamentos, setores – ou seja, subsistemas para atingir o sistema global) um clima de bem-estar, participação e produtividade, pelo desenvolvimento de lideranças e equipes.

Consiste em uma série de práticas institucionalizadas objetivando o **QF** como fator que harmoniza razão e sentimentos e cria o **estado de felicidade**, condição que torna as pessoas tolerantes e desenvolve a humildade de espírito, indispensáveis à abertura para o aprendizado.

O homem feliz é criativo. Pensamentos e emoções negativas estreitam a visão. A tradição cartesiana trata razão e emoção de modo distinto, dividindo e infantilizando.

A emoção – tratada como "elemento inferior", ao ser identificada como fraqueza – induz a erros de avaliação e decisão, e é tida como "inaceitável no trabalho".
Essa é uma das razões significativas da infelicidade na empresa.

**A inteligência equilibra, integra e transforma razão
e emoção em estado de felicidade.**

A razão divide

A emoção bloqueia a percepção

FELICIDADE EQUILIBRA E INTEGRA

Figura 5.1 Razão + emoção = QF.

O ciclo de felicidade visa tratar as pessoas como adultas, neutralizando o processo de infantilização a que são geralmente submetidas no trabalho pela gestão centralizadora autoritária, que não cede espaço à reflexão, à criatividade e ao exercício do poder decisório.

Esse fenômeno atinge de altos executivos a, até mesmo, presidentes, que não têm o menor poder decisório, mascarados por regulamentos, complicadores burocráticos e toda uma dramaturgia enganadora. Veja na Figura 5.2 o que significa ser adulto.

Ser adulto...
- Senso de objetividade – saber o que quer
- Senso de adaptabilidade – saber ajustar-se às exigências do meio
- Senso de responsabilidade – saber responder a compromissos
- Senso de renovação – saber promover as melhorias necessárias
- Senso de ética/solidariedade – saber atender ao bem comum

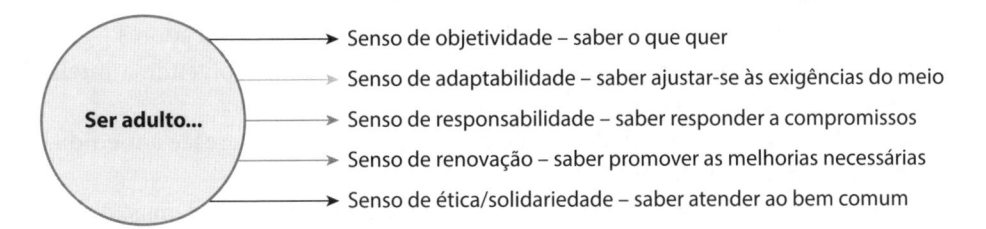

Figura 5.2 Significado de ser adulto.

Figura 5.3 Cultura organizacional fechada.

Decisões eficazes são realizadas por pessoas maduras, participantes de organizações maduras.

É fundamental melhorar as condições do meio ambiente para que se efetive a melhoria e a felicidade das pessoas. A cultura do tipo fechada entorpece os espíritos e não desenvolve a inteligência. É comum a denominação "filosofia da empresa" ser usada como artifício para se designar o que "é permitido" e o que "é proibido". Passam a existir paradigmas, que, por não serem questionados, levam a uma acomodação cultural.

> Trabalhar a qualidade da cultura organizacional é vital.

Para desenvolver a qualidade de vida no trabalho, é necessário atuar na cultura da empresa com uma proposta de liderança renovadora, para abri-la e mantê-la permanentemente oxigenada.

É fundamental criar um meio que induza à reflexão, para fazer com que os gerentes mentalizem que, para cumprir sua missão de líderes, precisam ser educadores.

Ao promover a reflexão em equipe, os gerentes estarão desenvolvendo a inteligência coletiva e o QF. Ou seja, estarão criando comunidades amadurecidas.

Maturidade significa capacidade de decidir. É um desafio que cresce à medida que se educa para decisões e responsabilidades.

A inteligência pode ser definida como a capacidade de resolver problemas. A peculiaridade essencial à inteligência consiste em pesquisar alternativas de solução, detectar oportunidades e realizar ações com criatividade, marcando diferenças significativas.

O que o homem faz de substancial na vida é decidir, como expressão do exercício da função nobre da inteligência.

Uma cultura aberta exige educação contínua, que não pode ser identificada com a aquisição do conhecimento formal, por meio de processos de ensino que não façam pensar, que não introduzam novas formas de pensamento. Pensar é recriar. Pensar é reelaborar, é conceber o novo.

Sem pensar, é quase impossível desenvolver o QF. Aprender a aprender é a chave para a sobrevivência criativa e feliz.

Sem aplicação, o conhecimento torna-se nulo em pouco tempo. Daí a defasagem entre a "realidade acadêmica burocrática" e a realidade, que precipita a obsolescência do conhecimento não aplicado e não renovado. Ao sair da "escola-fábrica", o aluno já está obsoleto. O mesmo acontece com o profissional.

As empresas que estão centradas no agir, agir e agir, na obsessiva busca de resultados imediatistas, induzem ao não pensar. Guiam-se por paradigmas ditados pela experiência repetitiva.

A ausência de **inteligência criativa** reflete a ação míope das lideranças, preocupadas com os resultados, e não com a qualidade deles, revelando falta de Visão Estratégica.

> Ser feliz é essencial à inteligência e à vida.

Vejamos algumas considerações como reforço ao ciclo de felicidade no trabalho:

1. A felicidade como referência à vida é, nesse sentido, a motivação maior ao trabalho, direcionando passos, caminhos, relacionamentos e metas. Não a considerar estrategicamente é desprezar a inteligência e realizar a não vida, que está presente na empresa e em todas as instituições, sob as formas do autoritarismo, da centralização decisória, da opressão, do aniquilamento espiritual, da robotização humana, do "ganhar, ganhar, ganhar" sobre o "perder, perder, perder".

2. Nas organizações, há uma busca frenética por dinheiro, mas a ausência de felicidade fará com que, no longo prazo, se perca muito dinheiro, consequência de sabotagem, perda de credibilidade e liderança, traições, desintegração das equipes, situações que estimulam as forças do antiamor.

> Felicidade é, por excelência, o fator de inteligência que determina a produtividade.

3. À medida que as pessoas adquirem mais educação, crescem suas expectativas quanto a maiores responsabilidades, autoridade e vencimentos que irão adquirir.
4. A tendência é ampliar-se o conceito de qualidade de vida no trabalho, não restrito à melhoria das condições de emprego, mas no sentido de que o próprio trabalho seja de qualidade, proporcionando a valorização da vida.

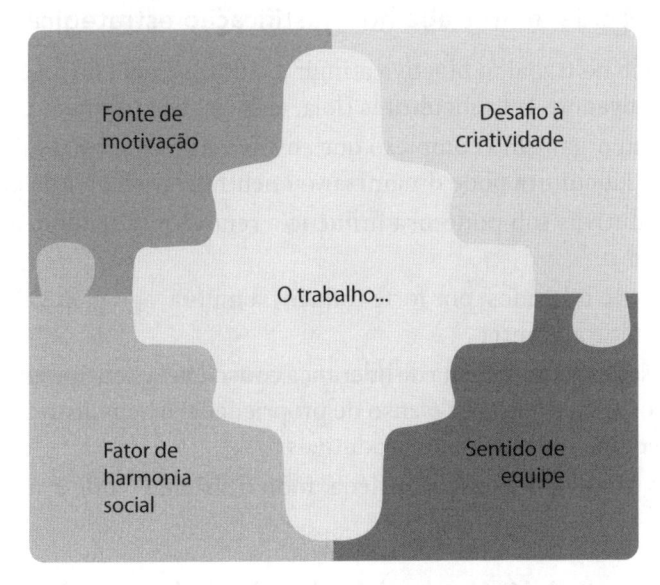

Fonte de motivação — Desafio à criatividade — O trabalho... — Fator de harmonia social — Sentido de equipe

... é o meio adequado à realização dos ideais de felicidade e produtividade contínua na empresa.

Figura 5.4 Eficiência no trabalho.

5. Participação depende de delegação de autoridade, liderança de equipes, espaços à criatividade, engajamento em projetos e gratificação pelos resultados.
6. Uma empresa bem administrada independe de certificados de qualidade – mas pode obter todos, por sua efetiva e comprovável competência.
7. Poucas empresas possuem ideias, sentimentos, objetivos e metas compartilhadas. Isso faz com que surjam crises constantes por luta de poder e conflitos, formando subgrupos divergentes na organização, que são causas básicas do fracasso. Ninguém tem coragem de denunciar nem mesmo de reconhecer o clima de "guerra". A empresa vai convivendo com a desarmonia interna e, consequentemente, vai desgastando energias produtivas.

8. Em geral, a liderança na empresa está ligada ao carisma, à exuberância dos traços de personalidade, ao entusiasmo individualista, e não necessariamente à habilidade em formar e trabalhar em equipe, que exige humildade e espírito de colaboração, essencialmente.
9. O ciclo de felicidade no trabalho tem compromisso com a:
   - **Simplicidade**: a vida realiza-se no presente, com a aprendizagem do simples.
   - **Objetividade**: consiste em estabelecer objetivos de vida e de trabalho, compatibilizando motivações pessoais com os objetivos e as metas da empresa.
   - **Integração**: forças agregadoras e sinergia para consecução dos objetivos.
   - **Produtividade**: compromisso com resultados.

O ciclo de felicidade no trabalho contribui para a criação do clima de bem-estar, participação e produtividade e ao desenvolvimento do QF de lideranças e equipes.

5.3.1 Ciclo de felicidade no trabalho – justificação estratégica

O ciclo de felicidade no trabalho objetiva atingir a cultura global da organização por meio de intervenção renovadora em subculturas (loja, agência, departamento, setor etc.).

A empresa é um organismo complexo que envolve cultura geral e subculturas. A forte influência de uma subcultura pode dinamizar ou neutralizar valores da cultura geral.

Unidades produtivas sob poderosa influência renovadora tendem a envolver todo o sistema, renovando-o.

Gerentes-líderes e liderados, por forte influência mútua, agregam valores ao desenvolvimento de uma cultura própria.

Quando se desenvolve no sistema de liderança **consciência/sentimento/vontade** de realizar o trabalho como coisa própria (senso de propriedade) e bem de todos (solidariedade), os resultados da equipe são altamente produtivos.

Quando uma parte do sistema se ordena, todo o sistema tende a se ordenar. Esse é o princípio básico.

5.3.2 Aplicação metodológica do ciclo de felicidade no trabalho

A aplicação metodológica do ciclo de felicidade no trabalho envolve as seguintes etapas:

A. Etapa preliminar

Leitura interativa

Sensibilização de grupos de até 15 participantes, mesclados, sem critério hierárquico, para refletirem juntos sobre:
- Sentido de equipe/liderança.
- Situações de trabalho.
- Melhoria da qualidade de vida.
- Melhoria da produtividade.
- Fundamentos e metodologias do ciclo.

A técnica consiste na leitura e na reflexão em equipe, visando à absorção de uma linguagem conceitual comum.

Diagnóstico dos problemas

Levantamento em equipe das situações que incomodam e prejudicam a produtividade ("balanço situacional").

Esboço tático

Negociação quanto às linhas prioritárias de ação.

Multiplicação de experiências

Exercício da função educadora das lideranças desenvolvendo o programa em cascata, por todos os segmentos da unidade organizacional.

Avaliação e intercâmbio

Estabelecimento das bases e critérios de avaliação do programa e da integração e troca de experiências, entre as várias unidades em que os ciclos estão ou serão implantados.

Três verdades, pouco conscientizadas, que orientam o ciclo:

- 90% dos problemas são de solução local.
- As pessoas querem ter a oportunidade de participar e de decidir.
- Com liderança, efetiva-se o prodígio de as pessoas comuns realizarem coisas incomuns.

B. **Atividade permanente do ciclo de felicidade no trabalho**

Dez minutos de força

Consiste em reunir o grupo diariamente para, em 10 minutos, provocar a reflexão sobre um texto, uma experiência, uma prece, um cântico, uma história etc.

Objetivo: **promover integração e sinergia**.

Nosso compromisso

Estabelecer em grupo, por meio de uma frase de impacto, uma diretriz que gere comprometimento.

Objetivo: **estabelecer uma ideia-força que entusiasme**.

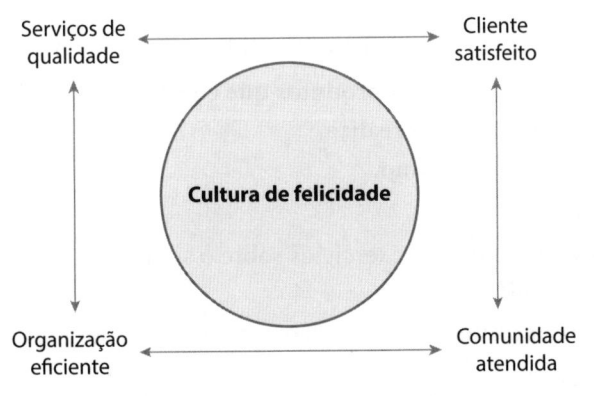

Figura 5.5 A empresa realiza atividades visando os seguintes itens.

C. **Atividades alternadas do ciclo de felicidade no trabalho**
Matriz conceitual sobre as quais se estruturam as linhas de ação do ciclo.
Nesse sentido, são estabelecidas as linhas de ação do ciclo de felicidade no trabalho.

C1. **Serviços de qualidade**
Conhecendo meu amigo
Consiste em criar situações para que todos se conheçam, como condição para que haja integração no trabalho.
Objetivo: **fortalecer o espírito de equipe.**
Ações regulares:

- **"Quem é você"**: encontros para apresentações e troca de informações.
- **"A bola da vez"**: por rodízio, relato de experiências.
- **"Mutirão"**: projetos comuns.
- **"Um momento, eu estou falando"**: exercitar a faculdade de escutar e a capacidade de compreensão.

"Bom dia"/"Por favor"/"Obrigado, sr. Fulano"
Consiste em criar atmosfera de boa vontade, evitando-se aparências frígidas e arrogantes.
Objetivo: **despertar a simpatia por meio da cordialidade.**
Ações regulares:

- **Cartazes ilustrativos**: mensagens educativas.
- **Dramatizações**: encenar casos da realidade de trabalho.

"Diga, espelho meu"
Consiste em despertar e desenvolver a autoestima, por meio de uma postura adequada.
Objetivo: **desenvolver a elegância como atitude positiva.**
Ações regulares:

- **Sessões ilustradas**: utilização de filmes e de cartazes para debates.
- **"Espelho mágico"**: grande espelho em local visível em que as pessoas possam se ver antes de ter acesso ao local de trabalho, encimado por uma mensagem educativa, sempre renovada.
- **"Xô, xô doença!"**: promoção de palestra sobre cuidados com a higiene e a saúde.

"Como são bons os serviços e os produtos que eu vendo"
Consiste em ter orgulho do que realiza.
Objetivo: **despertar o entusiasmo.**
Ações regulares:

- **"Meu trabalho faz sentido"**: exercícios sobre o significado dos serviços e produtos, objetos de seu trabalho.
- **"Qualidade é o que importa"**: promoção de campanhas de qualidade e produtividade.

C2. **Cliente satisfeito**
"Vamos trabalhar juntos"

Consiste em interações com os clientes.
Objetivo: **estímulo ao entendimento.**
Ações regulares:

- **Parceria**: promoção de eventos, com participação efetiva de clientes.
- **"Hoje eu sou o cliente"**: vivenciar a "situação do cliente".

"O que você está achando do meu trabalho?"
Consiste em provocar opiniões de avaliação do cliente.
Objetivo: **estar aberto a conversações, desenvolvendo a habilidade em ser receptivo.**
Ações regulares:

- **"Por favor, sua opinião"**: exercícios para ouvir o cliente.
- **"A voz do cliente"**: reuniões com grupos de clientes.

C3. Organização eficiente

"Veja como está bonito o meu local de trabalho!"
Consiste em criar oportunidades para realçar a boa aparência do ambiente de trabalho.
Objetivo: **desenvolver o zelo e a boa apresentação do local de trabalho, dando expressão à autoestima.**
Ações regulares:

- **Veja seu ambiente de trabalho pelo olhar do cliente**: pesquisar reações do cliente.
- **Filmando o ambiente de trabalho**: estudo comparativo por meio de filmagens regulares.

"Hoje é dia de todos abrirem a boca"
Consiste em reuniões periódicas de orientação e participação.
Objetivo: **treinar a habilidade de comunicação.**
Ações regulares:

- **"Chamada geral à reflexão"**: reuniões, por rodízio de coordenação.
- **"Olha a folha!"**: tabloide com notícias, informações, humor e notas de interesse.
- **"Atenção!"**: jornal mural, diariamente renovado.

"Como posso melhorar meu desempenho?"
Consiste em estimular avaliações sinceras.
Objetivo: **aprender com os erros, como princípio para a renovação.**
Ações regulares:

- **"Encontros de retroação com a gerência"**: reuniões mensais.
- **"Como vejo a minha atividade"**: avaliações pessoais, por escrito (uma página).

D. Comunidade atendida

"Olhe só quem está nos visitando!"
Consiste em estimular visitas ao local de trabalho.
Objetivo: **significa abrir-se ao convívio social, treinando a habilidade do relacionamento.**

Ações regulares:

- **Formação de grupos para visitas orientadas.**
- **Convites especiais a personalidades de destaque na comunidade.**

"Onde vou colocar meu coração?"

Consiste em desenvolver a conjugação de esforços em causas comunitárias.

Objetivo: **desenvolvimento do espírito de solidariedade.**

Ações regulares:

- **Associar-se a campanhas comunitárias de interesse público relevante.**

5.4 CONCLUSÃO

5.4.1 Renovação e perpetuidade

As empresas, na hora da transição para o terceiro milênio, devem buscar ser felizes! Absurdo? Utópico? Infantil? Inconsistente? Felicidade é coisa para poetas e loucos?

Se é assim, sejamos poetas e loucos, pois as mudanças radicais que vêm ocorrendo na sociedade exigem posturas menos convencionais, mais flexíveis e inovadoras.

As profundas transformações culturais, sociais e econômicas sinalizam a necessidade de um novo modelo organizacional e uma nova liderança. Flexibilidade é a palavra de ordem para as organizações, seguida de rapidez nas decisões e ações. Todavia, a instantaneidade, não apoiada na estratégia, induz ao comportamento reativo e a erros decisórios graves.

A atuação mercadológica, impulsionada pela força avassaladora da competitividade, tende a gerar um fenômeno de "aventureirismo camuflado", na linha do "vencer, a qualquer preço" e do lucro oportunista.

A complexidade das transformações e a pressão pela velocidade exigem líderes comprometidos com a equipe e com os resultados, e não mais simples gerentes. Estes, embora ainda vivos, tendem a se tornar lembranças do passado.

O gerenciamento de "coisas" é cada vez mais substituído pela liderança de pessoas e equipes autogerenciadas. A tendência crescente é nas equipes autônomas, com o desafio pela qualidade nos resultados. O preceito da nova liderança que surge desenha o perfil de líder de líderes. A competição exige profissionais competentes. E, para liderá-los, há a necessidade de competência específica em habilidade interpessoal e de formação de equipe.

Contextos distintos fazem do líder alguém afinado com as transformações múltiplas e complexas que ocorrem em todos os campos do conhecimento humano. Não que ele tenha que ter uma "capacidade enciclopédica", mas deve ter consciência e sensibilidade para aprender com sua equipe e motivá-la ao aprendizado contínuo.

O novo conhecimento, pela rapidez em sua exigência de renovação, deve estimular a atitude "vamos aprender juntos!". O aprendizado coletivo é condição integrativa básica à produtividade.

Quando o obsoletismo se torna fenômeno diário, anulando "antigas verdades", renovar-se continuamente é a única opção estratégica à sobrevivência inteligente. A globalização, ao superar a fase de imperialismo econômico – pelos evidentes sinais de falência do modelo –, tenderá ao seu significado positivo, como quebra de fronteiras e ampliação de horizontes.

O modelo econômico vigente estimula a competitividade predatória, com uma terrível concentração do capital e práticas de desemprego sistêmico, criando o paradoxo de "muito dinheiro, muita especulação financeira, pouca produção e crescente aumento da exclusão social". Os frequentes abalos sísmicos na economia mundial, com a queda nas bolsas – cenário simbólico do "cassino" que preside as relações econômicas –, sinalizam um sistema agônico, que se orienta por uma inversão de valores.

A tecnologia, como manifestação da ciência, supera-se diariamente nas conquistas pela qualidade. O servir a um modelo de desvalorização humana, gerando o desemprego, precipita o fim de um sistema de injustiça social e a entrada para uma nova opção. Uma terceira força – pós-socialista e capitalista – está se esboçando firmemente com as ondas de espiritualidade e a proeminência da consciência ética, que se espalham por todo o mundo.

Os sentidos de dignidade humana e de bem comum mostram ser uma aspiração universal, irreversível. Felicidade deixa de ser uma retórica poética, resgatada em sua semântica original, para constituir-se em um estado de alma, aberto à paz, à criatividade, à transformação e à produtividade. Felicidade configura-se como filosofia e política de empresa quando o foco é o homem, realizando e realizando-se em plenitude.

A empresa, ao oferecer as condições, em termos de cultura, clima motivacional e práticas adequadas, para que o homem se sinta feliz no trabalho, está se garantindo como organização de alta produtividade. E, como tal, em condições de se perpetuar.

Por essas condições ambientais-organizacionais é que definimos o fator QF como mensuração do clima de bem-estar humano na empresa. Pelo fator QF, acreditamos que surge a nova empresa, o que significa a mudança de valores para um novo sistema econômico centrado na pessoa. Isso ocorrerá não só por aspiração humana, mas por exigência de mercado.

5.4.2 Em que consiste o quociente de felicidade?

O QF surge como condição para harmonizar razão (QI) e emoção (QE). O QI (quociente de inteligência) constitui-se como referência de medição da inteligência humana, orientando inúmeros testes na linha predominantemente cognitiva.

Recentemente, enfatizou-se o QE (quociente emocional) como fator decisivo, introduzindo a emoção como determinante da inteligência. Isso fez com que se delineasse uma pedagogia da competência, focada no relacionamento humano e nas emoções como condicionantes de desempenho.

Todavia, ficou patente um desencontro fatal, pela dificuldade em integrar fatores tradicionalmente abordados em óticas e práticas distintas. Produziu-se uma cultura em que os elementos – racional e emocional – configuram-se em experimentações exclusivas, com tendência a se excluírem: há o "departamento" da racionalidade e o "departamento" da emoção, incompatibilizados na prática do comportamento.

Na linha da razão, desenvolveram-se padrões de pensamento e ação peculiares, o mesmo acontecendo ao se tratar da emoção, circunscrita a situações e a momentos próprios. Por exemplo: na empresa, desenvolveu-se o mito de que "só há lugar para a razão". A emoção é reservada para a família, as artes e o lazer. Comportam-se como duas realidades diversas, gerando o homem fragmentado, característico de nossa época. Reverter esse quadro exige reeducação e condições ambientais renovadas.

O elemento determinante para vencer esse distanciamento e proporcionar abertura à integração entre razão e emoção é o estabelecimento do estado de felicidade, definido como as condições de equilíbrio e harmonização dos planos cognitivo e emocional, convertidas em ações competentes. O fator QF é a referência de avaliação do estado de felicidade.

O fator QF indica o clima motivacional e o grau de interatividade, dos quais resulta a competência, ao conciliar sentimento e conhecimento. Só pessoas felizes são receptivas e produtivas. Só em um clima de felicidade há bom relacionamento. É fundamental, portanto, que a organização ofereça as condições ambientais motivadoras à participação criativa e feliz.

O meio ambiente e a cultura organizacional são fatores básicos para que se exercite a condição de ser feliz, ou seja, estar harmonizado com os outros.

Se a cultura da organização irradia infelicidade, é um ambiente autoritário, conflitivo, cujo estímulo predominante é competir e não cooperar, onde prevalece o individualismo, e não a equipe; então, é quase impossível estar motivado e feliz. Toda a ênfase está centrada no racional – objetivos, metas, produtividade, rentabilidade. Agir muito, refletir pouco. Sentir não importa. Sonhar, nunca!

Integrar razão e emoção depende de felicidade. São conclusões a que chegamos em 30 anos de consultoria organizacional. O fator QF surgiu ao diagnosticarmos o vácuo entre o racional e o emocional, a ser preenchido pelo ambiente e pelo clima de empatia e simpatia que decorre do amor e da solidariedade. É possível criar condições para que haja a prática do amor e da felicidade na organização, basta rever sua filosofia, na linha da valorização humana, da participação, da criatividade, da delegação de autoridade e da educação para o pensamento estratégico. Considerar o ser humano como valor, e não como custo. Como custo, torna-se racionalizável, justificando-se os famigerados "cortes e enxugamentos".

Na linha da valorização humana, criamos o ciclo de felicidade no trabalho como exercício do QF, por intermédio de uma estratégia pedagógica de formação do ambiente estimulador da ação solidária, da qual resulta a felicidade, como princípio equilibrador de emoção e de razão no trabalho. Os produtos imediatos são relacionamento, competência e produtividade. O pressuposto essencial do ciclo de felicidade no trabalho consiste na constatação de que, em um sistema caótico, se você ordena uma das partes, todo o sistema tende a se ordenar.

Isso pressupõe atuar em subculturas, visando atingir a cultura como um todo. Muda-se uma organização intervindo onde há receptividade, fazendo-se do esforço setorial a alavanca para um comprometimento global.

É um equívoco esperar que o poder estabelecido – preocupado com sua manutenção e continuidade – irá promover mudanças. As transformações vêm de lideranças intermediárias, comprometidas com o futuro, pois se inserem nele como perspectiva de progresso pessoal e social.

Assim, o ciclo de felicidade no trabalho visa desenvolver o QF em áreas-piloto, capazes de liderar um espontâneo processo de renovação organizacional. É uma estratégia educacional participativa, induzindo a atitudes democráticas, ao relacionamento harmonioso, à criatividade e ao exercício decisório como estímulo ao desenvolvimento de lideranças.

QUESTÕES PARA REFLEXÃO E DEBATES

1. Faz sentido tratar de "felicidade na empresa" como tema estratégico?
2. Como caracterizar as ênfases em "redescoberta do homem", "redescoberta do cliente", "redescoberta da organização flexível" e "redescoberta da cidadania"?
3. Quais os instrumentos para implementar o modelo de empresa feliz?
4. Quais os fundamentos da empresa feliz?
5. Como definir o fator QF?
6. Qual é a fundamentação pedagógica e organizacional do ciclo de felicidade no trabalho?
7. De que modo podem ser obtidos "serviços de qualidade" e "cliente satisfeito" utilizando-se do ciclo de felicidade?
8. Como "organização eficiente" e "comunidade atendida" são obtidas pelo exercício dos ciclos de felicidade?
9. Como o QF pode mudar a cultura organizacional?
10. Como compatibilizar renovação e perpetuidade organizacional?

REFERÊNCIAS

CAPRA, F. *O ponto de mutação*. São Paulo: Cultrix, 1986.

CHIAVENATO, I. *Administração de Recursos Humanos*. São Paulo: Atlas, 2021.

DUDLEY, L.; KORDIS, P. *A estratégia do golfinho*. São Paulo: Cultrix,1998.

MATOS, F. G. de. *Empresa feliz*. São Paulo: Makron Books, 1998.

MATOS, F. G. de. *Fator QF*: quociente de felicidade. São Paulo: Makron Books, 1997.

MATOS, F. G. de. *Visão e parábolas*. Rio de Janeiro: Campus, 2004.

SENGE, P. M. *A quinta disciplina*. São Paulo: Best Seller, 1990.

6 EQUIPES MULTIFUNCIONAIS

O Novo Desenho Organizacional das Empresas Bem-sucedidas

Idalberto Chiavenato

A Visão e a Ação Estratégicas funcionam muito melhor quando realizadas por meio de equipes. A equipe tem o condão de integrar esforços individuais que se traduzem por integração, coesão, colaboração, cooperação, confiabilidade e espírito de solidariedade e ajuda mútua. A responsabilidade individual e solitária se transforma em responsabilidade social e solidária. Afinal, a união faz a força. E é essa força coletiva que proporciona à equipe um resultado muitíssimo maior do que a soma dos esforços individuais e isolados. Isso é que é sinergia pra valer.

A renovação empresarial, necessária para manter a competitividade e sustentabilidade da organização em um mercado altamente dinâmico, mutável, complexo e ambíguo deve ser alicerçada e reforçada com um novo desenho organizacional capaz de oferecer flexibilidade, maleabilidade e agilidade. Isso jamais poderia ser obtido por meio de órgãos estáticos, definitivos, permanentes e isolados como os tradicionais departamentos ou divisões que encontramos atualmente na maioria das organizações. O velho organograma clássico teve sua serventia em uma época de estabilidade e permanência, em que o mundo mudava tão pouco que quase não se percebia. Nos tempos atuais, de acelerada mudança, instabilidade e incertezas, o desenho organizacional está abandonando gradativamente a velha e estática configuração de órgãos tradicionais e migrando rapidamente para a formação e o desenvolvimento de equipes multifuncionais. Ou seja, uma ampla flexibilização e descentralização do processo decisório para permitir velocidade e agilidade nas decisões e ações.

O velho modelo burocrático e mecanístico está sendo rápida e inclementemente trocado por um novo modelo adhocrático e orgânico, eminentemente flexível, maleável, adaptável e ágil, no qual prevalece a criatividade, a imaginação e a inovação em vez da velha rotina, mesmice e conservadorismo. O novo desenho se assenta em equipes mutáveis, e não em órgãos definitivos, exatamente pela necessidade de flexibilidade, maleabilidade, simplicidade e descomplicação, no sentido de proporcionar rápidas mudanças de configuração e de objetivos, sem prejudicar o desempenho e o alcance de resultados. O conceito de equipe tornou-se fundamental para esse novo desenho. Bom-mocismo das organizações para lidar com as pessoas? Nada disso. É que o rendimento do trabalho em equipe tem demonstrado ser bem superior ao do trabalho individual, isolado e convencional dentro de estruturas rígidas, formalizadas e excessivamente controladas. Trabalhar com equipes é, atualmente, uma questão de grande interesse das organizações. Mais do que isso: é uma questão de inteligência.

6.1 AS PREOCUPAÇÕES DAS ORGANIZAÇÕES DO FUTURO

As organizações voltadas para o futuro e preocupadas com seu destino estão estreitamente sintonizadas com os seguintes desafios:[1]

1. **Globalização**: implica preocupação com a visão global do negócio para mapear a concorrência em todos os lugares do planeta e avaliar a posição relativa dos seus produtos e serviços. Isso não significa que o mercado local vá desaparecer. Ele está sempre se expandindo, e o que vale é a comparação daquilo que a organização faz com o que há de melhor no mundo todo. Há muito tempo, o *benchmarking* deixou de ser local ou regional. Pensar globalmente e agir localmente continua sendo um refrão atualizado.
2. **Talentos**: implica preocupação constante em educar, treinar, motivar e liderar as pessoas que trabalham na organização, incutindo-lhes o senso de iniciativa própria de aprender constantemente e o espírito empreendedor, bem como oferecendo-lhes uma cultura eminentemente participativa dentro da qual possam fazer acontecer as coisas. A organização faz seu papel: indica os objetivos que pretende alcançar – focalizando sua missão e visão – e oferece amplas oportunidades de aprendizado e de crescimento profissional que conduzam ao desenvolvimento de seu negócio. As organizações bem-sucedidas são aquelas que proporcionam às pessoas um ambiente de trabalho acolhedor e agradável, onde elas têm plena autonomia, liberdade e empoderamento para escolher a maneira de realizar seu trabalho, definir metas e objetivos que deverão ser alcançados e, para tanto, oferecem recompensas para quem chegar lá. As pessoas são consideradas parceiras e colaboradoras, e não meros funcionários batedores de cartão de ponto. Como diz Robert Waterman, as empresas que colocam acionistas, clientes e talentos no mesmo nível, em vez de colocar os acionistas e clientes em primeiro lugar, são curiosamente as que fazem o melhor pelos acionistas e clientes. As organizações de ponta são aquelas que conhecem profundamente seus talentos e têm intimidade com eles, oferecendo-lhes diversão em seu trabalho.
3. **Cliente**: implica capacidade de conquistar, manter e ampliar a clientela, o melhor indicador da capacidade de competitividade e sustentabilidade da organização. As organizações bem-sucedidas são aquelas que têm intimidade em seu relacionamento com o cliente, ou seja, que conhecem profundamente as mutáveis características, necessidades e aspirações de sua clientela, e procuram interpretá-las, compreendê-las, satisfazê-las ou superá-las continuamente. Fazem com que a jornada do cliente seja a mais satisfatória possível. Não basta conquistar o cliente. O importante é manter o cliente e, para isso, criar todas as condições para um relacionamento estreito e duradouro. Mais do que isso, ouvir o cliente e transformá-lo em um coparticipante no desenvolvimento de novos produtos e serviços feitos na medida para suas conveniências.
4. **Produtos/serviços**: implica necessidade de diferenciar os produtos e serviços oferecidos em termos de qualidade e de atendimento, aproveitando as modernas tecnologias e o

conhecimento corporativo. A vantagem competitiva consistirá em agregar elementos como valor agregado, qualidade e atendimento que possam diferenciá-los em relação aos demais concorrentes. A busca de vantagem competitiva está por trás disso.

5. **Conhecimento**: desde a passada Era da Informação, na qual o recurso organizacional mais importante – o capital financeiro – está cedendo o pódio para outro recurso imprescindível – o capital intelectual, que se assenta fortemente no capital humano. Este depende de talentos que possuem competências. E toda competência se baseia no conhecimento e no aprendizado constante pela vida toda. É o conhecimento e sua adequada aplicação que permite captar a informação disponível para todos e transformá-la rapidamente em oportunidade de novos produtos ou serviços, antes que os concorrentes consigam fazê-lo.

6. **Resultados**: implica necessidade de fixar objetivos e perseguir resultados, reduzindo os custos e aumentando o valor oferecido. Ou seja, visão do futuro e focalização em metas a serem alcançadas. A melhoria da qualidade e o aumento gradativo da produtividade são os fundamentos da competitividade no mundo atual. No fundo, a gestão não significa apenas desempenho ou boa vontade. Gestão é resultado!

7. **Tecnologia**: implica necessidade de avaliar e de atualizar continuamente a organização para acompanhar e aproveitar intensivamente os progressos tecnológicos existentes no mercado. As organizações excelentes não são as que detêm a tecnologia mais avançada e sofisticada, mas aquelas que sabem extrair o máximo de suas tecnologias disponíveis. A capacitação, requalificação e o desempenho das pessoas estão por trás disso; afinal, são elas que utilizam e operam toda a tecnologia existente na organização. A tecnologia contribui intensamente com a eficiência potencial, mas são as pessoas que determinam a eficiência real e a eficácia do processo. Elas são a mola mestra e inteligente que move as empresas.

6.2 CONCEITO DE EQUIPE

A revista *Fortune* apareceu tempos atrás com uma curiosa pergunta estampada em sua capa: "Quem precisa de um chefe?". Certamente, a resposta poderia ser: "quem trabalha isoladamente, e não o talento que trabalha em equipes autogerenciadas". Na realidade, o conceito de equipe representa, atualmente, um dos aspectos mais importantes na melhoria da produtividade e da qualidade de vida dos talentos no trabalho. O fato é que a equipe constitui um grupo integrado de pessoas. Mas onde chega o limite de um grupo começa o conceito de equipe? Quais são as reais diferenças entre grupos e equipes? Essas diferenças podem parecer tênues à primeira vista, mas marcam uma profunda distância entre esses conceitos.

Um grupo de pessoas está geograficamente próximo, mas nem sempre integrado em seus objetivos e pontos de vista. O grupo pode ser disperso a qualquer momento e sua duração é eventual. A equipe está psicologicamente próxima, embora não necessariamente no mesmo local, pois ela se caracteriza por uma incrível proximidade de ideias, objetivos e ações. O propósito de uma equipe é comum e compartilhado por todos os seus membros, o que não ocorre com o grupo. A verdadeira equipe tem mentalidade, motivação, senso comum, colaboração, cooperação, ajuda mútua e recíproca, reciprocidade que a tornam um fabuloso esquema de trabalho cujos efeitos são sinérgicos.

A utilização do termo **equipe** está sendo cada vez mais crescente para se referir a vários tipos de situações. No ambiente de trabalho, equipe é um conjunto integrado de pessoas com habilidades e competências complementares e que trabalham integradamente para alcançar um propósito comum para o qual são coletivamente responsáveis. Uma equipe gera sinergia positiva por meio do esforço coordenado. Os esforços individuais são integrados para resultar em um nível de desempenho que é maior do que a soma de suas partes individuais.

Assim, o que caracteriza uma equipe são, basicamente, quatro aspectos fundamentais:[2]

1. **Objetivo**: a equipe está focada no desempenho coletivo e integrado.
2. **Sinergia**: a equipe é capaz de desenvolver elevada sinergia positiva e agregar um enorme volume de valor.
3. **Responsabilidade**: a equipe se caracteriza pela responsabilidade compartilhada e mútua, coletiva e solidária entre os membros.
4. **Competências**: a equipe se caracteriza pela complementaridade das competências de seus membros para a realização de uma atividade comum, conjunta e integrada. Isso promove o que chamamos de sinergia.

As equipes podem ser utilizadas para servir a três diferentes finalidades:

1. **Equipes que recomendam coisas**: como forças-tarefa, comitês *ad hoc* ou equipes de projeto, são equipes que estudam problemas específicos e recomendam soluções, muitas vezes trabalhando como um esquema integrado para completar dados e se dissolvendo-se logo após o propósito ter sido cumprido.
2. **Equipes que fazem coisas**: como unidades (ou mesmo órgãos) funcionais, como equipes de marketing e propaganda, são equipes que desempenham tarefas permanentes para a organização e são relativamente estáveis e permanentes, embora isentas do aspecto formal, estático e rígido da organização tradicional.
3. **Equipes que pesquisam e aceleram coisas**: como órgãos formais ou como grupos de gerentes ou especialistas, são equipes que formulam propósitos, objetivos, valores e direções estratégicas e ajudam as pessoas a implementá-los adequadamente. Reúnem pessoas de várias áreas e níveis da organização para tratar de assuntos amplos, cruzados e interdepartamentais.

Uma equipe de trabalho pode atingir alto nível de desempenho em termos de produtividade e qualidade, desde que seus membros sintam satisfação com suas tarefas, com os objetivos traçados e com o alcance desses objetivos, com as relações interpessoais com os demais companheiros e com a qualidade de vida no trabalho. No fundo, a eficácia de uma equipe de trabalho depende, quase sempre, das seguintes condições:

1. Grau de lealdade dos membros entre si e para com o líder da equipe.
2. Os membros e o líder têm confiança mútua e confiam uns nos outros.
3. Os membros têm habilidade para ajudar os demais a desenvolver seu pleno potencial.
4. Os membros se comunicam plena e francamente sobre todos os assuntos.
5. Os membros estão seguros em tomar decisões apropriadas.
6. Os valores e as necessidades de cada membro se coadunam com os valores e objetivos da equipe.

7. O elevado grau de espírito empreendedor e de responsabilidade coletiva pelos resultados e consequências.
8. A ação inovadora e o senso de inconformismo com o presente. Em outros termos, a vontade dos membros de aprender continuamente, de melhorar cada vez mais o desempenho coletivo, de ultrapassar os padrões habituais e de ser excelente naquilo que oferece ao conjunto.

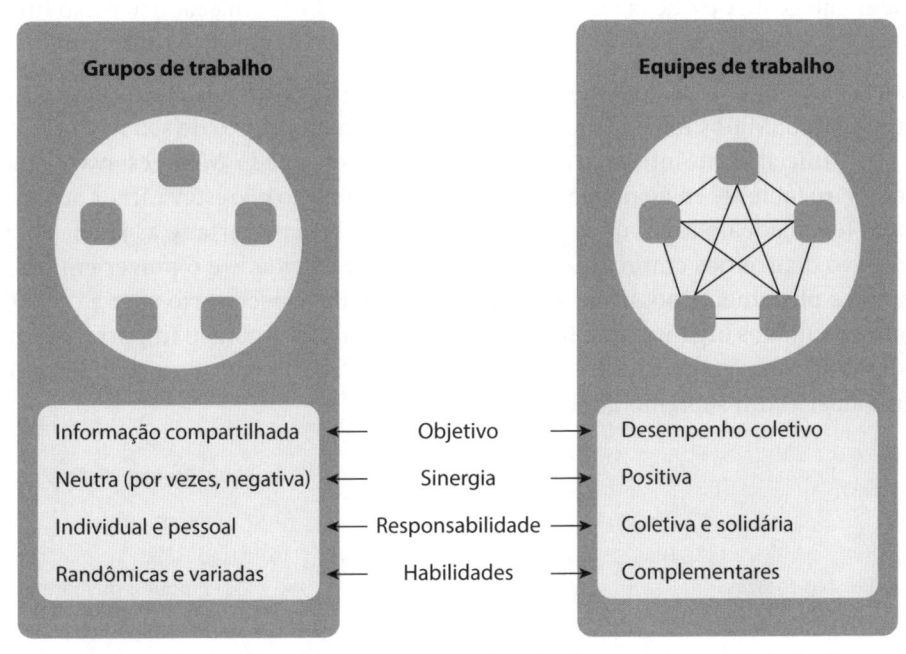

Grupos de trabalho		Equipes de trabalho
Informação compartilhada	← Objetivo →	Desempenho coletivo
Neutra (por vezes, negativa)	← Sinergia →	Positiva
Individual e pessoal	← Responsabilidade →	Coletiva e solidária
Randômicas e variadas	← Habilidades →	Complementares

Figura 6.1 As diferenças entre grupo de trabalho e equipe de trabalho.[3]

    E quem, dentro das empresas, é o responsável pela formação e pelo desenvolvimento de equipes? Naturalmente, a resposta é: o administrador, qualquer que seja seu nível ou sua área de atividade. O administrador é o responsável pela gestão das pessoas dentro de cada organização. É ele quem deve escolher sua equipe, desenhar o trabalho a ser realizado, preparar a equipe, liderá-la, motivá-la, avaliá-la e recompensá-la adequadamente. Assim, em todos os níveis da organização, desde o presidente até o supervisor da base organizacional, são responsáveis pelas suas respectivas equipes. Em toda e qualquer área de atividade – de finanças, produção/operações, marketing, recursos humanos, tecnologia etc. – o administrador é o responsável pela sua equipe de trabalho. Para poder dirigi-la e liderá-la, e dela obter eficiência e eficácia, o administrador precisa selecionar as pessoas, desenhar cargos, treinar, liderar, motivar, avaliar e remunerar para recompensá-la e proporcionar reforço positivo. Lidar com pessoas é uma tarefa altamente complexa e desafiante, mas, sobretudo, gratificante para quem souber fazê-lo de forma a enaltecer o trabalho e dignificar o ser humano.
    Quando uma empresa consegue fazer com que as pessoas façam aquilo que realmente gostam, a consequência direta é o bom humor. O alto astral passa a predominar na organização à medida que o nível de humor se eleva entre as pessoas. E o que o prazer no trabalho provoca? Para Prado, os principais indícios são três:

1. **A pontualidade no trabalho.** Quem tem prazer no que faz não fica arrumando desculpas para se atrasar.
2. **O bom humor é característica de quem anda de bem com a vida.** As pessoas rudes e irritadiças querem mais é que tudo vá para o inferno.
3. **Aceitar críticas nem sempre é fácil**, mas quem vive a vida com alegria, demonstra boa vontade de melhorar sempre e vê nelas uma oportunidade para corrigir seus defeitos.
4. **Quem não gosta do que faz morre de inveja**, pois tudo é ruim, caótico e não funciona. Quem é prestativo com os colegas e clientes demonstra segurança sobre si mesmo.

Francisco Gomes de Matos vai na vertente da busca da felicidade na empresa. Quando, há algum tempo, Matos me falou a respeito do assunto do projeto de seu livro – *Empresa feliz*[4] – fiquei inicialmente intrigado e atônito. Depois, preocupado. Matos estava tocando em um verdadeiro tabu, até então pouco explorado. Até eu mesmo não estava ainda acostumado a falar em felicidade no ramo de negócios. Matos me abriu as portas e as janelas para um mundo novo dentro das empresas. Mostrou-me que a felicidade e o prazer em trabalhar não apenas é plenamente possível, como, principalmente, é necessário para a obtenção de excelentes resultados organizacionais. Os tempos mudaram. Agora, o importante é não ter medo de ser feliz na empresa. Afinal, a felicidade não é aquilo que as pessoas mais querem em suas vidas? O fim supremo de suas vidas?

Pessoas	+	Conhecimento	=	Pessoas eficazes	
Pessoas eficazes	+	Serviços melhores	=	Produtos melhores	
Produtos melhores	+	Serviços melhores	=	Aumento de vendas	
Aumento de vendas	+	Maior produtividade	=	Aumento de lucros	
Aumento de lucros	+	Recompensas às pessoas	=	Pessoas motivadas	

Figura 6.2 Algumas equações básicas na motivação das pessoas.

6.2.1 Formação e desenvolvimento de equipes

As equipes precisam ser formadas e desenvolvidas para que possam florescer e se multiplicar na organização. A organização precisa ajudar esse processo com uma estrutura organizacional orgânica e uma cultura democrática, aberta e participativa. No trabalho em equipe, devem ser eliminados as diferenças hierárquicas e os interesses específicos de cada departamento, proporcionando uma predisposição sadia para a criatividade e a inovação. Cada equipe deve ser coordenada por uma pessoa escolhida e apoiada por todos – como um especialista, consultor ou colega –, cuja atuação varia enormemente. Líderes e membros de equipes devem procurar eliminar as barreiras interpessoais de comunicação pelo esclarecimento e pela compreensão de suas causas. Para tanto, devem se criticar mutuamente procurando um ponto de encontro em que a colaboração seja mais frutífera. O coordenador trabalha com os membros da equipe para ajudá-los a compreender a dinâmica de suas relações de trabalho em situações de equipe e para ajudá-los a mudar e melhorar os meios pelos quais eles trabalham juntos, a fim de desenvolver o diagnóstico e as habilidades de solução de problemas que eles necessitam para poder aumentar sua eficácia. A coordenação permite que sejam realizadas certas intervenções sobre a equipe no sentido de torná-la mais sensível aos seus processos internos de definição de metas e objetivos, participação, sentimentos, liderança, tomada de decisões, confiança e criatividade. Por fim, a equipe autoavaliará seu comportamento por meio dessas variáveis básicas.

Metas confusas e conflito de interesses.	**A Metas e objetivos** 1 2 3 4 5 6 7 8 9 10	Metas claras e partilhadas por todos. União de interesses.
Alguns dominam. Passividade. Falta de atenção.	**B Participação** 1 2 3 4 5 6 7 8 9 10	Participação ativa de todos. Muita atenção e interesse.
Sentimentos ignorados, inesperados ou criticados.	**C Sentimentos** 1 2 3 4 5 6 7 8 9 10	Expressão livre de sentimentos. Aceitação de sentimentos alheios.
Tratam dos sintomas em vez de tratar das causas. Propostas superficiais.	**D Diagnóstico dos problemas grupais** 1 2 3 4 5 6 7 8 9 10	Cada problema é diagnosticado antes de se propor uma solução para tratá-lo.
Dependência do grupo. As necessidades de liderança do grupo não coincidem com a liderança recebida.	**E Liderança** 1 2 3 4 5 6 7 8 9 10	Necessidades de liderança supridas pelos próprios membros da equipe. Independência.
Decisões tomadas por uma parte do grupo. Os demais não participam.	**F Tomada de decisões** 1 2 3 4 5 6 7 8 9 10	Divergências são negociadas. Processo de busca de consenso.
Pouca confiança. Os membros são fechados e reservados. Não gostam de críticas.	**G Confiança recíproca** 1 2 3 4 5 6 7 8 9 10	Confiança mútua e respeito recíproco. Expressão livre e sem represálias.
Rotina, rigidez e estereotipação. Não há progressso.	**H Criatividade e crescimento** 1 2 3 4 5 6 7 8 9 10	Grupo flexível e inovador. Busca novos meios para crescer e melhorar.

Figura 6.3 A autoavaliação da equipe.

Com essas variáveis tomadas como referências, pode-se diagnosticar as barreiras para o desempenho eficaz da equipe, fortalecer o senso de unidade e de camaradagem entre seus membros, incrementar as relações interpessoais, melhorar o cumprimento das tarefas e alavancar o processo operativo da equipe.

6.2.2 Organização por redes de equipes

Muitas organizações estão migrando da velha departamentalização funcional para a estrutura em equipes. A cadeia vertical de comando sempre foi um poderoso meio de controle, mas tem a inconveniência de transferir todas as decisões para o topo, o que provoca demora e consequente concentração da responsabilidade na cúpula da hierarquia. O congestionamento de comunicações é uma decorrência inevitável. Grandes organizações, como a General Motors, por exemplo, estão adotando a organização por equipes em suas fábricas nos Estados Unidos e na Europa para torná-las mais eficientes e reduzir custos operacionais. A nomenclatura funcional ainda persiste provisoriamente na transição para o novo modelo. Cada equipe tem plena autonomia para desenvolver seu trabalho dentro de uma atuação democrática e participativa de todos os membros. E o organograma tradicional foi parar no museu. Juntamente com ele, as velhas regras burocráticas, as comunicações formalizadas, os escalões hierárquicos, o confinamento dos ocupantes em seus cargos isolados, permanentes e fossilizados.

Coordenadores de área

Equipes de suporte
Diretor da fábrica
Gerente de pessoal
Diretor-administrativo
Gerente de compras
Engenheiro de produção
Supervisores gerais de:
- fabricação
- manutenção
- controle de qualidade

Equipes de serviços técnicos
Manutenção
Expedição
Materiais
Pessoal
Laboratório
Contabilidade

Equipes operacionais de fábrica
Aproximadamente 25 equipes. Cada qual com seus respectivos membros e seu líder ou porta-voz.

Figura 6.4 Exemplo de organização por equipes.

Além disso, desde o início da década de 1990, as organizações estão tentando encontrar meios de implantar o *empowerment*, que significa delegar liberdade, autoridade e transferir e delegar a responsabilidade de decisão para os níveis mais baixos por meio de equipes participativas capazes de obter o comprometimento de seus integrantes. Essa abordagem torna as organizações mais simples, descentralizadas, flexíveis e ágeis no ambiente global e competitivo que as envolve.

A estrutura em equipes é especialmente indicada quando:

- Existe uma necessidade intensa de flexibilidade e/ou rapidez no andamento de certos projetos ou tarefas para atender requisitos especiais dos clientes, para desenvolver novos produtos ou tocar campanhas de marketing.
- É importante obter, simultaneamente, insumos de diferentes partes da organização para completar uma parte do trabalho.

A abordagem de rede de equipes faz com que a principal característica da organização seja uma configuração predominantemente horizontal ou circular. A organização horizontal apresenta uma estrutura em que o trabalho é realizado ao longo dos seus principais processos de trabalho e não repousa sobre a hierarquia vertical necessária para coordenar as diferentes atividades. As unidades de trabalho funcionam horizontalmente ao longo das tradicionais funções hierarquizadas que cortam e fragmentam os processos. Daí o caráter horizontalizado da estrutura por equipes, produzido pela eliminação das barreiras hierárquicas. Quando a preferência é compor equipes com características circulares, as equipes funcionam ao redor de um núcleo de atividades – equipe central – e sua função é complementar a atividade central com contribuições multifuncionais.

A estrutura de equipes representa uma migração definitiva da organização baseada em sistemas mecanísticos e fechados para sistemas orgânicos e abertos, dentro das características apresentadas no Quadro 6.1.

Quadro 6.1 As diferenças entre sistemas mecanísticos e orgânicos[5]

Sistemas mecanísticos	Sistemas orgânicos
■ Centralização das decisões e formato piramidal. Autocracia	■ Descentralização das decisões e formato circular. Democracia
■ Estrutura verticalizada, com base em órgãos estáticos e permanentes	■ Estrutura horizontalizada, com base em equipes autônomas, ágeis e flexíveis
■ Ênfase nos órgãos e nos cargos, excesso de formalidade	■ Ênfase nos relacionamentos entre e dentro das equipes. Informalidade
■ Divisão do trabalho e especialização	■ Ampla participação e generalização
■ Ênfase na hierarquia e no individualismo	■ Ênfase no conhecimento e na cooperação
■ Responsabilidade dividida e delimitação dos órgãos e cargos	■ Responsabilidade multigrupal sem muita delimitação
■ Relacionamento do tipo: autoridade-obediência	■ Confiança e crença recíprocas, apoio e colaboração
■ Solução de conflitos por meio de repressão, arbitragem e/ou hostilidade	■ Solução de conflitos por meio de negociação ou de solução de problemas
■ Imposição de regras, regulamentos e normas de comportamento	■ Liberdade de comportamento, autonomia e utilização do autocontrole

Ao transferir para as equipes as atividades e as responsabilidades antes confiadas aos órgãos permanentes e estáticos da estrutura organizacional, as empresas estão provocando profundas alterações estruturais em seu esquema de trabalho. A divisão do trabalho cede espaço à complementação do trabalho. O isolamento de cada área cede espaço à integração do trabalho organizacional. A hierarquia cede espaço à equalização do poder dentro da organização. A especialização cede espaço à multifuncionalidade. Contudo, mexer apenas na estrutura não basta; é preciso também mexer paralelamente na cultura organizacional.

6.3 ONDE MEXER?

Montadas as equipes, o passo seguinte é começar o trabalho de mudança para ajustar a organização aos novos e irrequietos tempos. Isso requer um verdadeiro mutirão de esforços para mover e agilizar a organização nos trilhos da modernidade. Já que vivemos em um mundo de intensas e imprevistas mudanças, todos os integrantes das equipes devem, inicialmente, conhecer seu mecanismo. Eles devem saber como a mudança funciona antes de escolher o que precisa sofrer mudanças dentro da organização.

Mudança é a passagem de um estado para outro. É a transição de uma situação para outra diferente. Mudança representa transformação, perturbação, interrupção, fratura. Ela está em toda parte; nas organizações, nas cidades e nos países, nos hábitos das pessoas, nos produtos e nos serviços, no tempo e no clima, no dia a dia.

> **SAIBA MAIS** — **Os paradoxos das organizações**
>
> Embora as grandes invenções, descobertas e inovações tecnológicas, novos produtos e serviços e um sem-número de novidades e invenções surjam dentro das organizações e, mais especificamente nas empresas, ocorre um terrível paradoxo. Enquanto criadoras da inovação e da mudança, ao engendrar novos produtos e novos serviços, novas tecnologias e novas necessidades de mercado, as organizações são fundamentalmente conservadoras em seus aspectos internos. Elas tardam demasiado a incorporar as mudanças que ocorrem externamente ao seu redor e somente o fazem quando não conseguem mais evitá-lo. É que as empresas estabelecem seus paradigmas, que tendem a permanecer indefinidamente.[6]

Três velhos e arcaicos paradigmas organizacionais ainda são terrivelmente comuns nas empresas:

1. O caráter burocrático rotineiro da organização.
2. A estrutura funcional e divisionalizada em silos separados e isolados.
3. A velha divisão e fragmentação do trabalho das pessoas.

Ao lado deles, três velhos paradigmas culturais bastante conhecidos:

1. A autocracia, o controle rígido e a desconfiança.

2. O individualismo isolador e separador.
3. O conformismo e a abnegação em seguir rotinas permanentes.

Juntos, funcionam como sólidas e indestrutíveis barreiras e limitações para qualquer tipo de mudança, além de trazerem as três conhecidas e inevitáveis decorrências:

1. O continuísmo e a mesmice.
2. O funcionário burocrata preso às rotinas.
3. O gestor da manutenção do *status quo*.[7]

Todos esses elementos precisam ser sumariamente eliminados a fim de abrir caminho para que se possa mudar uma organização.

O processo de mudança envolve três etapas bem distintas:[8]

1. **Descongelamento do padrão atual de comportamento**. É a etapa inicial em que as velhas ideias e práticas são derretidas, abandonadas e desaprendidas. Se não houver descongelamento, a tendência será o retorno puro e simples ao antigo padrão habitual de comportamento.
2. **Mudança**. É a etapa em que novas ideias e práticas são experimentadas, exercitadas e aprendidas. Ocorre quando há a descoberta e a adoção de novas atitudes, valores e comportamentos. Pode ser ajudada com processos de identificação e internalização: as pessoas precisam identificar-se com os novos valores, atitudes e comportamentos para, então, internalizá-los em seus comportamentos como parte de seu padrão normal.
3. **Recongelamento**. É a etapa final em que as novas ideias e práticas são incorporadas definitivamente ao comportamento. **Recongelamento** significa que o que foi aprendido foi integrado à prática atual. A incorporação ao comportamento (suporte) e a prática bem-sucedida (reforço positivo) são os elementos finais da fase de recongelamento. No recongelamento, as recompensas recebidas como resultado do desempenho no novo comportamento são instrumentais.

As três fases do processo de mudança estão representadas na Figura 6.5.

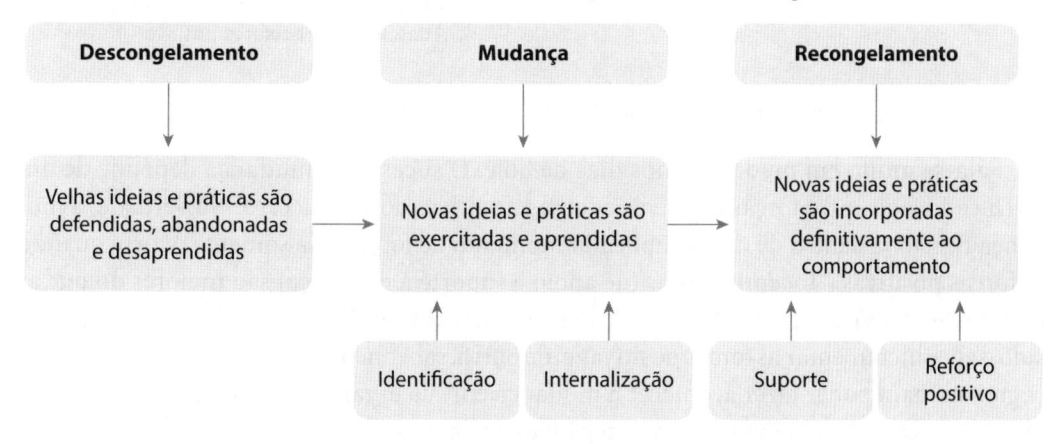

Figura 6.5 O processo de mudança segundo Lewin.[9]

O certo é que as organizações que regularmente discutem a mudança e dão constantes oportunidades aos seus membros para poderem imaginar, criar e inovar são aquelas que, em momentos de crise ou dificuldades, estão sempre em melhores condições para descobrir os meios adequados de superação e de sobrevivência. Nessas organizações, os líderes ajudam as pessoas a trafegar no processo de mudança, com ações e atitudes simples e positivas. Sobretudo, constantes e firmes. Isso não acontece com as organizações que nunca discutem estrategicamente a mudança. Nelas, quando surgem momentos de crise, dificuldades ou mudanças, todos são tomados pela surpresa e pelo despreparo, e precisam improvisar soluções apressadas que nem sempre dão certo ou que provocam maiores problemas. Aliás, quem não tem estratégia definida está fadado a copiar e realizar a dos outros. E isso nem sempre é bom.

Fase da mudança	Tarefa do líder	Ações do líder
Descongelamento	Criar um sentimento de necessidade de mudança	• Estabelecer boas relações com as pessoas envolvidas • Ajudar as pessoas a perceber que os comportamentos atuais são ineficazes • Minimizar as resistências às mudanças
Mudança	Ajudar a implementar a mudança	• Identificar novos e mais eficazes meios de comportamento • Escolher as mudanças adequadas nas tarefas, pessoas, cultura, tecnologia ou estrutura organizacional • Agir no sentido de colocar essas mudanças em ação
Recongelamento	Ajudar a estabilizar a mudança	• Incentivar aceitação e continuidade dos novos comportamentos • Proporcionar todos os recursos de apoio necessários às pessoas • Utilizar recompensas contingentes ao desempenho e reforço positivo

Figura 6.6 Os papéis do líder como agente de mudanças.

Fala-se muito em mudanças nos dias de hoje. O sucesso da mudança depende de um intrincado jogo entre forças positivas e forças negativas ao seu sucesso. Na verdade, a mudança funciona dentro de um complicado momento de forças. Ela somente ocorre quando as forças positivas e incentivadoras (de apoio e suporte à mudança) são maiores do que as forças negativas e restritivas (de oposição e resistência à mudança). O líder precisa, de um lado, saber incrementar as forças positivas e, de outro, saber neutralizar ou eliminar as forças negativas, para poder fazer acontecer a mudança em sua organização. A Figura 6.7 dá uma ideia desse complicado jogo de forças positivas e negativas.

Forças positivas (apoio e suporte)

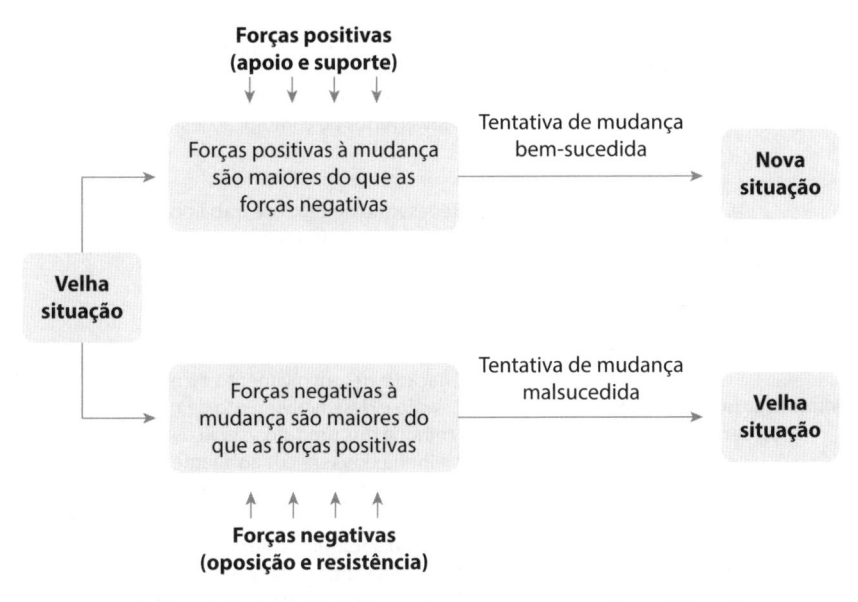

```
                    Forças positivas
                    (apoio e suporte)
                      ↓ ↓ ↓ ↓
                ┌──────────────────┐   Tentativa de mudança
                │ Forças positivas │   bem-sucedida         ┌──────────┐
           ┌───→│ à mudança são    │──────────────────────→│   Nova   │
           │    │ maiores do que as│                       │ situação │
           │    │ forças negativas │                       └──────────┘
┌──────────┐    └──────────────────┘
│  Velha   │
│ situação │
└──────────┘    ┌──────────────────┐
           │    │ Forças negativas │   Tentativa de mudança
           └───→│ à mudança são    │   malsucedida          ┌──────────┐
                │ maiores do que as│──────────────────────→│  Velha   │
                │ forças positivas │                       │ situação │
                └──────────────────┘                       └──────────┘
                      ↑ ↑ ↑ ↑
                    Forças negativas
                  (oposição e resistência)
```

Figura 6.7 As forças que atuam no processo de mudança.

PARA REFLEXÃO

Mas o que se deve mudar nas organizações? Por onde começar?

Em *Alice no país das maravilhas*, quando a personagem estava perdida e sem noção de onde se encontrava ou para onde ir, perguntou por onde começar seu caminho, e o mago lhe respondeu: "Comece pelo começo e depois vá até o fim". Certamente, o conselho é muito vago e genérico, e não leva a lugar algum, mas mostra que, se alguma coisa deve ser modificada na organização, não se deve cursar apenas o começo e o meio do caminho.
O importante é ir até seu final e fazer a mudança em todas as suas três etapas, certificando-se de que ela realmente aconteceu e foi bem-sucedida. Muitos dos programas de mudanças organizacionais começam bem, mas se perdem no meio do caminho. Logo depois, são completamente esquecidos. A mudança simplesmente não aconteceu. A mudança deve ter um começo, meio e fim, em um ciclo completo para que faça sentido.

Os tipos mais frequentes de mudanças organizacionais envolvem estrutura organizacional, tecnologia, produtos ou serviços e cultura organizacional. Qual é o mais importante e mais decisivo? A resposta de muitos consultores é definitiva: o mais importante é mudar a cabeça das pessoas por meio de mudanças culturais. São as cabeças que mudam estrutura, tecnologia e/ou produtos/serviços. Esses assuntos são relativamente menos complicados e mais rápidos do que mudar a cultura de uma organização. Isso leva tempo e exige um período de maturação de novas ideias, atitudes e comportamentos. Porém, traz suas recompensas, inevitavelmente.

Mudanças na estrutura organizacional	→	• Redesenho da estrutura de órgãos e cargos • Novos paradigmas organizacionais • Redução de níveis hierárquicos • Novas redes de comunicações
Mudanças na tecnologia	→	• Redesenho do fluxo de trabalho • Novas máquinas, equipamentos, instalações • Novos processos de trabalho • Novos métodos de trabalho
Mudanças nos produtos ou serviços	→	• Criação e desenvolvimento de novos produtos • Criação e desenvolvimento de novos serviços • Melhoria dos produtos/serviços atuais • Melhoria dos serviços ao cliente
Mudanças nas pessoas ou na cultura da organização	→	• Novos paradigmas culturais • Novos relacionamentos entre as pessoas • Novos conhecimentos, capacidades, habilidades • Novas perspectivas, percepções, motivações

Figura 6.8 Exemplos dos quatro tipos de mudança organizacional.

6.3.1 O verdadeiro sentido da mudança organizacional

Atualmente, não basta ser apenas mais um funcionário perdido entre os vários funcionários da organização, ou trabalhar dentro da média ou da mediana dos desempenhos avaliados como normais. O importante, hoje, é marcar a presença na vida da organização, deixar os sinais da sua passagem por ela. Isso significa trabalhar mais com ideias e conceitos do que trabalhar com coisas e ferramentas. Olhar para frente, e não para o chão. A verdadeira mudança organizacional somente ocorre com uma clara concepção da missão da organização, de uma nítida visão do que se pretende para seu futuro e da formulação de objetivos compartilhados e consensuais que possam ajudar a transformar tudo isso em realidade. Com um detalhe: fazendo as pessoas crescerem com o crescimento da organização para consolidá-lo e incrementá-lo cada vez mais. Agregar valor e incentivar as pessoas – esse é realmente o trabalho do líder de hoje e de amanhã –, e, sobretudo, compor e alavancar equipes valiosas.

QUESTÕES PARA REFLEXÃO E DEBATES

1. Comente as principais preocupações das organizações do futuro.
2. Explique as diferenças entre grupos de trabalho e equipes de trabalho.
3. Quais são os aspectos fundamentais de uma equipe coesa e integrada?
4. Explique as finalidades para as quais se pode formar uma equipe.
5. Quem deve criar equipes na empresa? Por quê?
6. Explique como formar e desenvolver equipes.

7. Comente a organização por equipes que está substituindo a tradicional organização departamentalizada e funcional.
8. Comente as diferenças entre sistemas mecanísticos e tradicionais e os novos sistemas orgânicos e flexíveis.
9. Quais são os paradigmas tradicionais que tendem a permanecer indefinidamente e emperram as empresas?
10. Explique os papéis do líder como agente de mudança e transformação.
11. Explique as forças (positivas e negativas) que atuam no processo de mudança.
12. Mostre exemplos de tipos de mudança organizacional.

REFERÊNCIAS

1. CHIAVENATO, I. *Administração nos novos tempos*: os novos horizontes em Administração. 4. ed. São Paulo: Atlas, 2021.
2. CHIAVENATO, I. *Gerenciando com as pessoas*: transformando gerentes em gestores de pessoas. Barueri: Manole, 2016.
3. ROBBINS, S. P. *Organizational behavior*: concepts, controversies, applications. Englewood Cliffs: Prentice Hall, 1996. p. 348.
4. MATOS, F. G. de. *Empresa feliz*. São Paulo: Makron Books, 1998.
5. CHIAVENATO, I. *Introdução à Teoria Geral da Administração*: uma visão abrangente da moderna administração das organizações. 10. ed. São Paulo: Atlas, 2020.
6. CHIAVENATO, I. *Os novos paradigmas*: como as mudanças estão mexendo com as empresas. Barueri: Manole, 2008. p. 41-73.
7. KETELHÖRN, W. Rambo é um mau exemplo para os executivos. *Exame*, p. 62-64, 30 ago. 1995.
8. FISHMAN, C. Mudança. In: *América Economia*: os negócios da América Latina, n. 123, p. 94-103, set. 1997.
9. LEWIN, K. Frontiers in Group Dynamics: Concepts, Methods, and Reality in Social Sciences. *Human Relations*. vol 1, 1947, p. 541.

Acesse à Sala de Aula Virtual para obter conteúdos complementares e aprofundar seus conhecimentos sobre o tema deste capítulo.

7 UM NOVO MILÊNIO, UMA NOVA EMPRESA

A Sociedade de Aprendizagem

Francisco Gomes de Matos

Transformações sociais e econômicas sinalizam a necessidade de novo modelo organizacional e nova liderança.

O terceiro milênio já passou! Na estação, sem saber ao certo o que fazer, a multidão frustrada embarca no velho trem rumo ao passado...

Já entramos no terceiro milênio há pelo menos duas décadas, sem que muitas lideranças empresariais tenham percebido, a tempo de se salvarem.

Vivemos um fenômeno de antecipação. Ao se prever, já aconteceu.

Sob a síndrome da velocidade geraram-se a relação instantânea e descartável e a economia digital, globalizada, altamente competitiva.

O símbolo é a Ferrari, capaz de atingir 300 km/h. Para quê? Para chegar aonde? Ao futuro ou para tornar mais rápida a volta ao passado?

As contradições são enormes. Tecnologia avançada, desemprego e fome; um modelo de organização que utiliza requintes de informação convivendo com uma realidade de ignorância; o exercício do cliente virtual, distante, impessoal, e o consumidor, carente de atenção e afeto, desejando ser reconhecido e amado.

A lógica de uma tecnologia fria, calculista, equacionando tudo à base de custo e rentabilidade e a filosofia do sentimento e da felicidade, até em suas distorções, pela busca compulsiva do prazer. Nessa virada de milênio, divisamos três quadros típicos.

1º QUADRO: IMPERIALISMO ECONÔMICO, RESULTANTE DE UM PROCESSO DE GLOBALIZAÇÃO MAL DIRECIONADO

O modelo econômico neoliberal acarretou um círculo fechado, asfixiante:

- O acúmulo de riqueza e o ímpeto por multiplicá-la – o dinheiro concentrado nas mãos de poucos se desvia do processo produtivo para a especulação, tornando cada vez mais frequentes os abalos sísmicos na economia, por meio das crises nas bolsas.
- A ênfase obsessiva no lucro gera, progressivamente, a competitividade predatória – a ordem é destruir ou absorver; organizações enxutas – a racionalidade na linha do custo,

"a qualquer preço"; exclusão social – como consequência, o desemprego em nível planetário, expandindo a pobreza. Esses fenômenos atingem dimensões inéditas, em que o propalado "fim dos empregos" acaba por ser igualmente "fim do trabalho", jogando na marginalidade legiões de desempregados crônicos. Pouco pode a educação quando o erro está na perversidade do modelo. Esse fenômeno de empobrecimento generaliza-se a ponto de reverter a distorção clássica de "empresa pobre, empresário rico" para "empresa rica, empresário pobre", cedendo-se o lugar ao "aventureiro de mercado".

- O resultado tangível desse processo desagregador fechado é a violência, que produz a **cultura dos "sem nada"**, e a **banalização da morte** (no sentido físico e metafórico).

```
Acumular riquezas          Competitividade
e multiplicá-las    ——     Organizações enxutas
                           Exclusão social
      ↓                           ↓
Dinheiro nas mãos          Desempregado
de poucos                  não consome
      ↓                           ↓
Os abalos sísmicos   ——    Violência
na economia ("bolsas")
```

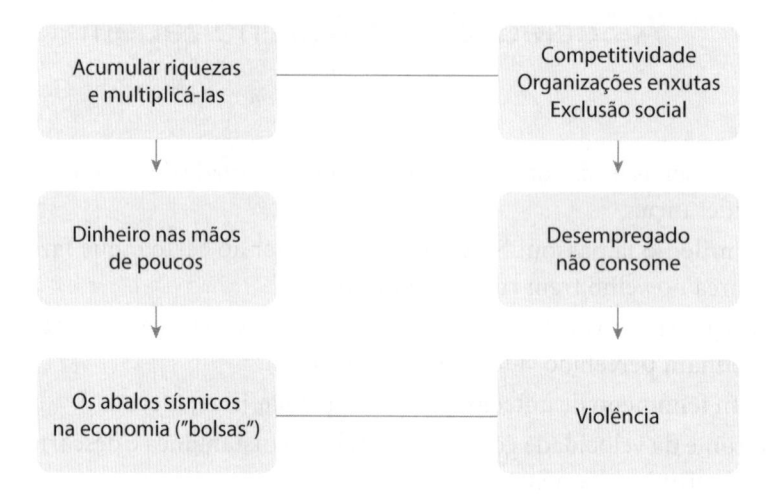

Figura 7.1 Sistema de imperialismo econômico.

Esse quadro de violência, resultante do sistema globalizado de imperialismo econômico, teve por origem a **lógica do ganho**, que reproduziu o comportamento ditado pelas leis da selva, em que a liberdade, sem justiça, significa suicídio social.

Desemprego deixa de ser "injustiça" para ser "sobrevivência do capital". No inconsciente empresarial coletivo existe a racionalização: "se eu não fizesse esse corte de pessoal, quebraria". Por essa visão radical, em menos de um ano, a empresa quebra! É o que mostra a experiência, como resultado da frustração e do descomprometimento. É o preço da incompetência em planejar estrategicamente e em liderar pessoas e equipes.

Um novo modelo econômico-organizacional está se desenhando. Talvez seja prematuro identificá-lo, mas, certamente, o novo modelo passa pela valorização humana.

> O desemprego pode ser explicado por uma teoria de desvalorização humana, em que o trabalho não é visto como valor social, mas como custo. Como tal, é "produto" e deve ser racionalizado.

2º QUADRO: PARADOXO DA VELOCIDADE DAS TRANSFORMAÇÕES

Há a necessidade de estabilidade para se administrar organizações, mas não se promove o desenvolvimento sem que se desestabilize.

Não se vive sem desestabilidade e não se vive permanentemente na instabilidade. O caos destrói; a estabilidade estéril se deteriora, como a água aparentemente límpida do poço, mas que, ao ser mexida, mostra todos os miasmas depositados.

A síndrome da velocidade leva-nos a situações contraditórias. De um lado, somos contemporâneos do futuro, por conta da mídia eletrônica, da interatividade com a ciência e a tecnologia – que se supera constantemente, e com as transformações sociais –, que põem em xeque os valores tradicionais. De outro, somos escravos do presente sem futuro, pois não somos mais estimulados a pensar, pelo excesso de informação que induz ao agir, agir, sem refletir.

Muita informação/pouca reflexão. A diversidade de estímulos gera inibição, pois bloqueia a percepção e o julgamento.

O homem perde a capacidade de decidir pela falta de compreensão de como utilizar o conhecimento.

Informação sem aplicação é lixo; acumula-se sem produzir. O conhecimento, em si, pode tornar-se "cultura inútil", que rapidamente se extingue.

O conhecimento acadêmico, não renovado e não aplicado, torna-se obsoleto no curtíssimo prazo, dadas as conquistas diárias da ciência e da tecnologia. Profissões inteiras são extintas em um piscar de olhos, por um novo invento e aplicações inteiramente inéditas, exigindo nova formação.

O ciclo vital da realidade do saber conforma-se dentro de uma dimensão de aprendizagem, em um ciclo contínuo:

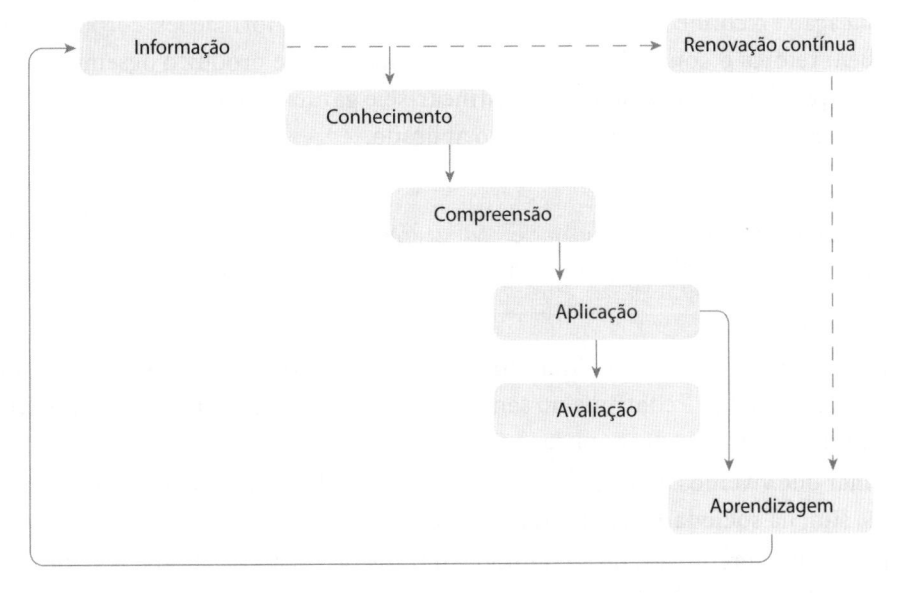

Figura 7.2 Ciclo vital da realidade do saber.

A informação deve-nos provocar instantaneamente questões do tipo "é necessária e qual é a prioridade?". Se a informação não passa pelo teste inicial de satisfazer necessidades, torna-se inútil e mesmo prejudicial, pois significa um desvio, dispersa a atenção e confunde o espírito. O sentido de "necessidade" não implica atendimento convencional, no sentido de uma materialidade utilitarista, mas no satisfazer a uma necessidade real do indivíduo, qualquer que seja, podendo ser um verso, o canto de um passarinho ou a especificação técnica de uma operação mecânica.

O conhecimento compreende a disposição em aceitar a informação como útil e retê-la.

A formação se dá por conhecimentos acumulados e aplicados. O conhecimento não aplicado se torna nulo em pouco tempo.

> **PARA REFLEXÃO**
>
> **Como o canto de um passarinho torna-se conhecimento?**
> Quando ele toca a sensibilidade, eleva o espírito, associa-se a algo que satisfaz a uma necessidade de amor, de ternura, de criatividade, "registrando-se" a melodia em nossa memória afetiva. A partir daí é um conhecimento aplicável.

A compreensão é a resposta a uma indagação essencial: "De que modo posso traduzir em ações o conhecimento adquirido?". Muito conhecimento se perde por falta de compreensão.

Há um equívoco de resultados frustrantes, mas muito frequentes, em associar conhecimento a competência, quando não se considera a capacidade compreensiva em traduzi-lo em fatos. De nada vale a competência presumida sem o desempenho.

A aplicação é o conhecimento testado. É pôr à prova as informações, corporificando-as. Ela também reforça o conhecimento, valida a competência e produz o desempenho eficaz. Toda aplicação deve ser avaliada para justificar-se e ganhar credibilidade. A avaliação dá certificação de qualidade ao conhecimento aplicado.

> O saber se constrói na aplicação do conhecimento e se consolida e se renova pelo processo de avaliação. É assim que se aprende.

A aprendizagem é o produto final, continuamente renovado, no processo de informação/conhecimento. Ela é contínua no sentido de que está sempre em movimento, gerando novos conhecimentos e novas aplicações.

Afirmar que vivemos na sociedade da informação e do conhecimento, eu diria que não! Vivemos, sim, na **sociedade da aprendizagem**!

Somos todos aprendizes, nesse mundo em transformação acelerada, em que o obsoletismo do conhecimento é um risco imediato.

Seremos aprendizes, se quisermos sobreviver com inteligência e nos desenvolver continuamente. Esse é o nosso conceito de renovação contínua.

Renovação contínua é aprendizagem permanente. Nesse sentido, **pensar** é, essencialmente, estratégia de futuro. É a trilha para a posteridade.

Quem sabe pensar, quem tem o hábito de pensar, conquista o futuro. Para quem não sabe pensar, não há futuro. Aí ocorre a mais séria das tragédias do homem moderno: o contraste da mídia exuberante pelos meios convencionais de informação, TV, rádio, jornal, Internet, até mesmo a escola, induzindo, pelo excesso de informação não compreensiva, ao não pensar, pois não há consciência crítica.

Por seu turno, as organizações limitam o pensamento ao condicionarem as pessoas às suas regras, na linha da eficiência. Estimulam um "pensar quadrado", voltado compulsivamente à ação e aos resultados imediatistas. Todos são educados para serem reativos, e não reflexivos.

A rigidez é cadavérica. Uma época de mudança intensificada exige flexibilidade e versatilidade. É preciso conhecer mais e mais profundamente.

A organização precisa se tornar um instrumento da inteligência humana, facilitando a abertura de horizontes, e não fechando as portas à inovação e à criatividade. Toda mudança exige adaptabilidade criativa, sem a qual há rejeição.

Pessoas e organizações flexíveis são condição precípua ao desenvolvimento. Flexibilidade não significa frouxidão, falta de identidade, caráter, dignidade, mas fidelidade a princípios e capacidade de negociação.

Buscar o acordo, por meio do consenso, significa definir verdades comuns. Essa é a base de construção da vida democrática. Os instrumentos são: negociação, delegação, criatividade.

Como vimos, atualmente há uma forte indução à velocidade, gerando, por sua vez, a ênfase no acirramento da competição, frequentemente predatória, estimuladora da exclusão social produzida pelo desemprego em larga escala, cujo resultado final é o surgimento de uma **cultura de violência**.

Avulta por esse quadro a urgência na formação da consciência ética.

Flexibilidade e globalização exigem senso ético, sem o qual o resultado será a vitória do/da autoritarismo/submissão, que, por sua vez, leva ao caos.

A grande transformação nesse terceiro milênio será ética, pois o que está fundamentalmente em jogo são os valores morais.

A competição cada vez mais deverá ganhar feição cooperativa, na linha da qualidade. Qualidade no sentido holístico, em uma visão do todo e na consideração do ser humano integral, em equipe.

O flagelo social de fragmentação marca a cultura competitiva, em que cada um desempenha um papel exclusivista e mantém atitudes divididas, por meio de comportamentos estereotipados conforme a situação: um no trabalho, outro no lar, na igreja, nos momentos de lazer, em sacrifício ao **ser integral**.

Não há qualidade sem o homem de qualidade, e este implica integralidade e integridade.

> **PARA REFLEXÃO**
>
> O sentido de qualidade está bem expresso na história do sacerdote que encomenda a um célebre pintor a ilustração da cúpula da catedral.
> Terminada a obra, o padre maravilha-se com o resultado e, aproveitando as escadas, quer contemplá-la de perto.
> Descendo, dirige-se ao artista:
> – Tudo bem, mas não está concluída, pois os anjinhos estão apenas esboçados.
> – Mas daqui ninguém vê – retruca o pintor.
> – Mas Deus vê – disse com firmeza o sacerdote.

Qualidade tem a ver com o todo, que expressa a harmonia e a inteireza das partes, como conceito global.

O diferencial de força pela qualidade implica concepção pela paz, enquanto a competição acirrada faz o jogo da guerra. Este é o grande dilema no cenário social: ou a exploração da energia negativa, cuja analogia é a bomba atômica, ou o foco nos valores que unem e tornam as pessoas felizes.

É a dualidade amor/ódio, na qual este último é mais acionado no mercado vorazmente competitivo.

> **PARA REFLEXÃO**
>
> Gulliver, o gigante na terra dos pigmeus, assistia do alto a pequenez dos sentimentos que induzia as pessoas à guerra. Indiferentes às admoestações, logo perceberam que ele não as ameaçava com seu tamanho e continuaram mesquinhas em suas disputas. O "fenômeno Gulliver" reproduz-se nas organizações em que os poucos propugnadores da paz parecem falar no deserto. Contudo, no "deserto", surge uma aragem que vem se transformando em onda renovadora, cujo exemplo eloquente são as organizações não lucrativas do terceiro setor que expressam uma nova vontade.

As aspirações humanas, confirmadas por inúmeros estudos e pesquisas motivacionais, indicam três direções: poder, sucesso e dinheiro. O poder é a capacidade de realizar, prestar serviços, exercer a liderança, fazer acontecer, desenvolver equipes, educar para a renovação contínua. No entanto, o poder é exercido também para escravizar, manipular e manter a dominação. Nesse sentido negativo, o poder visa o sucesso por meio do dinheiro usado para "comprar e submeter".

No mercado, o dinheiro é associado a poder e sucesso, enquanto o lucro é frequentemente trabalhado como um objetivo em si, e não como meio de expansão dos negócios, remuneração dos investidores, dos agentes produtivos e da comunidade.

A revisão de valores, consequência da falência dos modelos autoritários até então vigentes, passa por nova visão de lucro, poder e sucesso.

Lucro, como sinal de saúde organizacional; poder, como realização por meio do serviço; sucesso, como satisfação e compromisso social.

3º QUADRO: AS ORGANIZAÇÕES SEM FRONTEIRAS

A globalização é um fenômeno ao qual ninguém pode estar indiferente, pois envolve a todos de alguma maneira.

Caracteriza-se pela:

- internacionalização da economia;
- interatividade social;
- capacidade de compreensão de culturas diversas.

É um desafio à:

- educação;
- ética;
- cidadania.

Não compreender a globalização nesses termos significa levar à exaustão um modelo predador, que traz em suas entranhas a lógica de destruição: primeiro do concorrente, depois, de si próprio.

Se a globalização se configura como uma ameaça, como transformá-la em um bem, por meio da educação, da ética e da cidadania?

O que se faz com um "monstro" quando não podemos atacá-lo de frente?

Procuramos a convivência, para tentar transformá-lo ou destruí-lo.

Como, convictamente, acreditamos em transformação, a opção é o processo educativo.

A reeducação para a paz, a harmonização pela justiça social, a competição cooperativa, por meio do sentido de equipe.

O quadro de uma nova realidade, no terceiro milênio, impõe às lideranças desafios inéditos:

- Desafio 1: cultural/estratégico.
- Liderar contextos distintos.

A diversidade de culturas exige um líder culto, com capacidade de compreensão: transformar a informação em conhecimento e ter a necessária compreensão para aplicá-lo, avaliá-lo e renová-lo.

O líder deverá ser um educador, atuando como transformador na cultura interna de sua empresa para focá-la nos desafios externos.

Atuando com diferenças de valores, em relação a outros povos, e mesmo em situações decorrentes de fusões, incorporações, parcerias, *joint ventures*, terceirizações e franquias, o líder precisa ser versátil, com grande capacidade de negociação.

Tive a oportunidade de assistir de perto, como consultor, grandes operações de parcerias e fusões serem fantásticos insucessos pela ignorância em considerar a diversidade de culturas organizacionais. Pensou-se na negociação econômico-financeira e negligenciou-se totalmente a realidade organizacional e humana. Houve o choque de trens e não sobrou nada...

- Desafio 2: organizacional/tático.
- Liderar líderes.

Acabou a grande empresa, mastodôntica, monolítica, piramidal, lenta nos movimentos e nas decisões.

A necessidade de agir rápido, em face da diversidade e da intensidade dos desafios, forçou as macro-organizações a se transformarem em conglomerados de pequenas empresas, pela descentralização por unidades autônomas de negócios.

Aquilo que Thomaz Watson, fundador da IBM, dizia em seus primórdios – "é preciso, com o crescimento, não perder o espírito de pequena empresa" – e foi ao longo do tempo negligenciado, gerando grande crise de sobrevivência, é retomado como verdade contemporânea.

A empresa transforma-se em uma escola de formação de líderes e na comunidade vivencial de aprendizagem – todos são educadores e educandos.

O líder caracteriza-se, essencialmente, por ser um formador de líderes, de equipes e de opinião.

A liderança transformadora neste novo milênio – que está exigindo um novo modelo de organização: flexível, participativo, corresponsabilizador, criativo, aberto à continuidade, globalizado, sem fronteiras – requer do líder três condições básicas à renovação contínua, apresentadas na Figura 7.3.

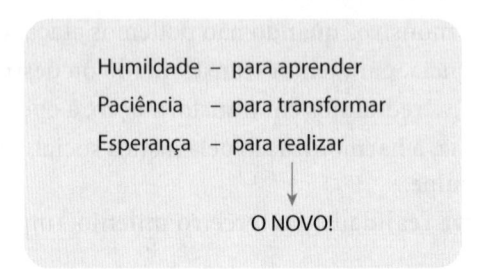

> Humildade – para aprender
> Paciência – para transformar
> Esperança – para realizar
> ↓
> O NOVO!

Figura 7.3 Condições básicas à renovação contínua.

QUESTÕES PARA REFLEXÃO E DEBATES

1. Qual o significado da expressão "um novo milênio, uma nova empresa"?
2. Quais as consequências da globalização mal direcionada?
3. Como definir o paradoxo da velocidade e suas implicações no meio empresarial?
4. Como transformar informação em conhecimento?
5. Qual o entendimento sobre a sociedade da aprendizagem?
6. Como transformar a competição em ação cooperativa, na linha da qualidade?

7. Quais as aspirações básicas do ser humano e como evitar suas distorções?
8. Como são caracterizadas as organizações sem fronteiras?
9. Como atender às exigências da liderança nos dias atuais (liderar contextos distintos e liderar líderes)?
10. Como caracterizar a empresa como escola de líderes?

REFERÊNCIAS

GATES, B. *A estrada do futuro*. São Paulo: Companhia das Letras, 1995.

MATOS, F. G. de. *Empresa que pensa*. São Paulo: Makron Books, 1997.

MATOS, F. G. de. *Empresa que sonha*. São Paulo: Makron Books, 1999.

POPCORN, F.; MARIGOLD, L. *Click*. Rio de Janeiro: Campus, 1996.

WATERMAN, R. H. *Adhocracia*: o poder para mudar. São Paulo: Pioneira, 1995.

8 O NOVO PAPEL DAS PESSOAS NAS EMPRESAS BEM-SUCEDIDAS

A Resposta Empresarial aos Novos Desafios

Idalberto Chiavenato

A Visão e a Ação Estratégica requerem que as pessoas tenham um novo e diferente papel nas empresas para o alcance do sucesso organizacional em termos de competitividade e sustentabilidade. Ocorre que, no novo mundo em que vivemos, predominam as rápidas e incessantes mudanças e transformações carregadas de volatilidade, incerteza, complexidade e ambiguidade. A mansa estabilidade que caracterizou os tempos passados de mesmice e conservadorismo tradicional a que nossas organizações estavam acostumadas já se foi. A instabilidade e a decorrente mudança trouxeram para o íntimo das empresas uma profunda e rápida substituição de paradigmas organizacionais e culturais, principalmente em aspectos como: novas maneiras de organizar o trabalho e de lidar com as pessoas, tanto as externas – como clientes e consumidores, acionistas e investidores – quanto as internas – administradores e colaboradores.

8.1 OS NOVOS DESAFIOS

Ao longo dos capítulos anteriores, verificamos que a Visão e a Ação Estratégica visam à transformação de uma organização em uma empresa de excelência, por meio das respostas aos seguintes desafios:

- Como manter a competitividade da empresa em um mercado dinâmico e mutável que exige competências continuamente renovadas e reforçadas?
- Como superar estrategicamente os riscos da ampla e forte concorrência globalizada e manter o sucesso nos negócios?
- Onde buscar as vantagens competitivas e diferenciais em relação à forte concorrência?
- Como desenvolver o conhecimento, as competências e a tecnologia exigidos para a permanência e a sobrevivência no mercado?
- Como sair disputando na frente?
- Como valorizar as forças internas que realmente fazem a diferença: equipes integradas, talentos, pessoas felizes, tecnologias adequadas e alcance dos objetivos estratégicos?

- Como conscientizar e capacitar todos os talentos quanto à missão, à visão e aos valores dos negócios da empresa?
- Como fazer com que todas as pessoas da organização saibam criar e agregar valor ao negócio, ao produto/serviço, ao cliente e a si próprias? Como melhorar continuamente a organização?
- Quais os fundamentos de um legítimo processo de renovação empresarial?

A capacidade de manobra – o jogo de cintura ou manobrabilidade – da organização depende, indubitavelmente, da competência com que seus executivos e colaboradores se ajustam constantemente às novas demandas de um mercado globalizado, extremamente dinâmico, volátil e fortemente competitivo. O novo paradigma é orientar-se e reorientar-se continuamente, mas com uma visão panorâmica do que virá pela frente. Isso significa reciclagem e aprendizagem a todo momento e requer o pleno conhecimento da missão e da visão organizacional, adoção de valores, interpretação dos objetivos globais a serem alcançados, ampla liberdade e autonomia para a escolha dos cursos de ação adequados e, sobretudo, capacitação profissional altamente exercitada, incentivada e atualizada. E isso significa uma ênfase no porvir: é a Visão Estratégica.

8.2 O QUE SERÁ O FUTURO?

A Visão e Ação Estratégica estão mais preocupadas com o futuro do que com o passado, ou até mesmo com o presente. Em um mundo caracterizado por mudanças e transformações rápidas, repentinas, incertas e ambíguas, focar o passado é uma enorme perda de tempo e um desperdício de oportunidades que aparecem pela frente e que se vão rapidamente. As novas oportunidades vêm e vão, não apitam na curva nem param na estação, tampouco esperam pacientemente pelo que podemos fazer. As ameaças fazem o mesmo, só que permanecem indefinidamente e perturbam a vida das empresas, quando não afetam sua própria sobrevivência e põem em risco sua existência. Nos dias atuais, não se pode mais pensar no habitual, costumeiro ou no que era antes. A civilização global está passando por profundas e velozes mutações sistêmicas e sísmicas. Assim, a complexidade e a turbulência do ambiente impõem uma permanente revisão e reimaginação da natureza e da orientação da empresa, e não mais apenas a busca de eficiência e de eficácia na condução das operações, como era antes. A Visão e a Ação Estratégicas procuram eliminar a improvisação e o foco no curto prazo. É por meio delas que se desenham estratégias adequadas. No fundo, a estratégia é um processo de aprendizagem contínua pela qual a empresa tenta alcançar níveis de aspiração cada vez mais elevados, objetivos e metas pelo uso mais eficiente e eficaz de seus recursos por intermédio das competências das pessoas que nela trabalham, sabendo escolher as tecnologias mais adequadas para alcançar exponencialidade naquilo que fazem. O principal desafio é mirar o futuro incerto e ambíguo.

Esse processo de aprendizagem permite três resultados essenciais ao negócio:

1. Melhor interpretação do ambiente em condições de mutabilidade, turbulência e incerteza.
2. Um tempo de antecipação cada vez mais rápido para aproveitar oportunidades e evitar as ameaças que surgem intempestivamente.
3. Uma resposta cada vez mais ágil, adequada e eficaz às demandas ambientais do mercado.

O conceito de **aprendizagem** significa a possibilidade de compreender antes e melhor os sinais, símbolos e tendências que emanam de modo ambíguo do ambiente ao redor. É a aprendizagem que permite que a empresa busque novas e melhores configurações de recursos e de habilidades e competências para conseguir se antecipar aos impactos das rápidas transformações ambientais e, principalmente, deixar de evitar a incerteza e aprender a conviver com ela, e, se possível, saber aproveitá-la melhor.

Como diz Levy, a aprendizagem representa "a rotina de antecipar-se flexivelmente à ruptura", enquanto a estratégia é o processo de gerar contingências e alternativas pela frente, ou seja, a criação de informação que apoia e aguça sua orientação sobre o mundo ao seu redor.[1] A estratégia é vista como uma interação sistêmica de ações que solucionam problemas e definem novas orientações para o futuro. As organizações inovadoras devem ser desenhadas como sistemas humanos de aprendizagem e experiência. A característica distintiva desses sistemas deve ser sua flexibilidade e agilidade e a enorme capacidade de fazer autocrítica. A flexibilidade e sua consequente mobilidade constituem os veículos centrais do desenvolvimento organizacional, ou seja, o reconhecimento de que a empresa está sempre sendo continuamente reconstruída no lugar da empresa que já existe. É ruptura, e não simplesmente rotina; é assimilação, e não acomodação.

As crises e as dificuldades do mundo atual atacam todo e qualquer tipo de empresa. Contudo, as evidências mostram que as crises e as dificuldades têm maior impacto naquelas empresas em que as pessoas não discutem para onde querem ir e nem sequer para onde estão indo. A maior parte dessas empresas sucumbe facilmente quando as crises são graves, porque não estão preparadas para pensar e agir adequadamente em situações de rápidas e imprevistas mudanças e transformações. São as empresas que "fogem de", pois estão constantemente tentando resolver problemas atuais ou que vêm do passado. São empresas que caminham de costas para o futuro e não conseguem enxergar o caminho adiante.

O futuro certamente será daquelas empresas que se orientam e reorientam permanentemente, que pensam em si mesmas, nas quais as pessoas refletem, ajudam-se mutuamente e se ligam intimamente para obter sinergia de inteligência e de ação racional. São as empresas que se levam a sério e desenvolvem líderes e empreendedores. São as empresas que "se dirigem para" e que "não vêm de", pois estão voltadas para seu futuro e para o desenvolvimento de seu destino.

8.3 O NOVO PAPEL DAS PESSOAS

Para se visualizar a direção assumida por uma empresa, é imprescindível compreender as bases da conduta humana, os padrões de comportamento adotados e a maneira de interação entre as pessoas que nelas trabalham. Diferentes empresas apresentam diferentes padrões de comportamento e de interação humana. Como sistemas humanos, as empresas se caracterizam pelo nível de entrega emocional de seus membros, participação e envolvimento pessoal. A estrutura organizacional e a cultura organizacional estão na base disso.

Nas empresas bem-sucedidas, as pessoas são consideradas com base em três importantes aspectos:[2]

1. **As pessoas como seres humanos**: dotadas de personalidade própria, profundamente diferentes entre si, com uma história pessoal particular e diferenciada, possuidoras de

conhecimentos, habilidades, destrezas e capacidades indispensáveis à adequada gestão dos recursos organizacionais. Pessoas dotadas de competências. Pessoas assumidas como pessoas, e não como meros recursos da organização.

2. **As pessoas como ativadoras de recursos organizacionais**: como elementos dinâmicos e racionais impulsionadores da organização e capazes de dotá-la de inteligência, talento e aprendizagem indispensáveis para sua constante renovação e competitividade em um mundo globalizado e pleno de mudanças e desafios. As pessoas como fonte de impulso próprio que dinamiza a organização, e não como agentes passivos, inertes e estáticos. Como energia mental, e não como pesos ou fardos a carregar.

3. **As pessoas como parceiros da organização**: capazes de conduzi-la à excelência e ao sucesso. Como parceiros, as pessoas fazem investimentos na organização – tais como esforço, dedicação, responsabilidade, compromisso, tomada de riscos, oferta de conhecimento e competências etc. – na expectativa de colher retornos desses investimentos – tais como salários, incentivos financeiros, aprendizado, crescimento profissional, carreira etc. Qualquer investimento somente se justifica quando traz um retorno interessante. À medida que o retorno for bom e sustentável, a tendência certamente será a manutenção ou o aumento do investimento. Daí o caráter de reciprocidade nessa interação entre pessoas e organizações, bem como o caráter de atividade, proatividade e autonomia e liberdade, e não mais de passividade, rotina e inércia das pessoas. Pessoas como parceiros da organização, e não mais como meros sujeitos passivos e dela dependentes.

> **SAIBA MAIS** **Capital humano**
>
> Pessoas não são mais meros recursos passivos e inertes que precisam ser administrados da mesma maneira como os demais recursos financeiros, materiais e tecnológicos da empresa. Atualmente, elas são consideradas de maneira diferente. Na verdade, falar de recursos humanos, hoje, significa um tipo de raciocínio restritivo, reducionista e mecanicista que vigorou no início da Era Industrial, quando ainda se falava em mão de obra. As pessoas representam, nos dias atuais, o capital humano que oferece um imenso potencial de competências, atitudes, inteligência, habilidades e conhecimentos à organização moderna. Investir no capital humano significa investir no capital intelectual que é, hoje, o responsável pelo incremento do capital financeiro da organização por meio da competitividade e sustentabilidade no negócio. Esse é o investimento mais rentável de qualquer organização.

Na realidade, o que se busca nos tempos atuais é o desenvolvimento de competências distintivas na organização. Competência distintiva é uma capacidade diferencial e particular que a empresa dispõe no manejo de seus recursos e talentos, quando comparada com os concorrentes. A competência distintiva é um ativo intangível que deve ser continuamente protegido, consolidado e amplamente desenvolvido e atualizado. Das competências distintivas das pessoas é que brotam as vantagens competitivas da empresa.

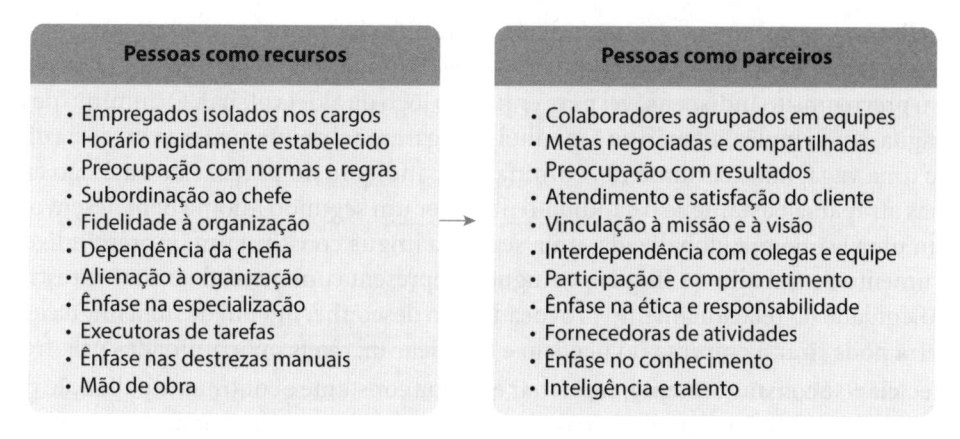

Pessoas como recursos	Pessoas como parceiros
• Empregados isolados nos cargos • Horário rigidamente estabelecido • Preocupação com normas e regras • Subordinação ao chefe • Fidelidade à organização • Dependência da chefia • Alienação à organização • Ênfase na especialização • Executoras de tarefas • Ênfase nas destrezas manuais • Mão de obra	• Colaboradores agrupados em equipes • Metas negociadas e compartilhadas • Preocupação com resultados • Atendimento e satisfação do cliente • Vinculação à missão e à visão • Interdependência com colegas e equipe • Participação e comprometimento • Ênfase na ética e responsabilidade • Fornecedoras de atividades • Ênfase no conhecimento • Inteligência e talento

Figura 8.1 As pessoas são recursos ou são mesmo pessoas?

8.3.1 Como melhorar a empregabilidade[3]

Em seu livro, *Job Shift,* William Bridges cunhou uma expressão bem ajustada para demonstrar como as empresas estão transferindo para o indivíduo a posse de sua carreira: o executivo deve rebatizar-se de **Você & Cia**. Antigamente, quem administrava a carreira dos colaboradores eram as empresas em função de suas necessidades, programas, planos de carreira e sucessão e demais conveniências. A descentralização também chegou aí. Agora, a batata quente ficou na mão de cada colaborador. Como em qualquer negócio, cada pessoa tem um produto/serviço a colocar no mercado, ou seja, seu talento pessoal. O mercado são seus empregadores. Para manter o produto atualizado, é necessária uma espécie de departamento de pesquisa e desenvolvimento (leia-se treinamento, desenvolvimento, atualização, informação, conhecimento, habilidades e competências pessoais). Como em qualquer empresa, **Você & Cia.** precisa de uma espécie de marketing estratégico para vender seu produto. Portanto, faça seu papel de fornecedor de trabalho e provedor de competências neste mundo de poucos empregos. Isso exige novas habilidades e novas competências. Uma delas é desenvolver uma boa rede de relacionamentos. De nada vale uma brilhante qualificação profissional se ela fica escondida em algum canto e ignorada pelo mercado.

José Augusto Minarelli, em seu livro, *Empregabilidade – o caminho das pedras,* saca o conceito de **EmprEUsa**, a subsidiária brasileira da **Você & Cia.** de Bridges. Os princípios básicos que devem ser desenvolvidos pela **EmprEUsa** e pela **Você & Cia.** na trajetória para a empregabilidade são:[4]

1. **Avaliar e diversificar suas atividades**: fazer continuamente uma avaliação e adequação de suas atividades. Procurar manter alguma atividade rentável fora de seu trabalho. Pensar como um acionista ou investidor típico à procura de investimentos: nunca investir totalmente seu patrimônio em um único negócio. Não se concentrar em uma só fonte de renda nem fazer de sua vida um único e isolado investimento. Abrir seus horizontes e diversificar suas atividades, sem abrir um leque muito amplo e difícil de coordenar e administrar. Lembrar-se de que todo bom investimento deve obedecer a critérios de rentabilidade e de liquidez. Retorno garantido e conversão rápida em moeda tangível. A diversificação pode ser um investimento ou até mesmo um segundo emprego, seja formal ou informal.

2. **Melhorar e ampliar sua capacidade de comunicação**: procurar melhorar sua maneira de se comunicar com os outros e, se possível, dominar outro idioma. Trata-se de mais um prerrequisito indispensável para entrar no jogo da aldeia global. O domínio de outra língua, como inglês, alemão ou espanhol, não garante absolutamente a vitória na disputa de uma vaga, mas, certamente, elimina um candidato do páreo. Pode até não ajudar, mas atrapalha bastante se o candidato não tiver um segundo idioma bem desenvolvido. Em uma economia globalizada, uma segunda língua constitui um imprescindível instrumento de trabalho. A língua portuguesa representa um mercado bastante restrito. A dificuldade no relacionamento provocada pelo desconhecimento de uma língua estrangeira pode tirar a empresa do negócio e bloquear incríveis oportunidades pela frente.

3. **Reciclar-se constantemente**: caprichar em uma constante e contínua atualização profissional. Qualificação e atualização devem ser uma preocupação permanente do executivo que pretende conquistar e manter elevada sua empregabilidade. Saber tirar proveito das modernas tecnologias, principalmente do computador e da tecnologia da informação. Assistir a seminários, voltar de vez em quando aos bancos acadêmicos, procurar reciclar-se em todos os momentos. A leitura constante de livros e revistas especializadas e, sobretudo, a interpretação cuidadosa dos textos é essencial. Vivemos o culto à educação e à informação. A informação está disponível para todos e a todo momento. O mundo é daqueles que sabem enxergar onde os outros nada veem, porque não estão preocupados em ver coisa alguma. Como dizia Olavo Bilac: "saber ouvir e entender estrelas". Esquisitices que as pessoas normais não percebem na superficialidade de seu cotidiano. Nas entrelinhas das notícias sobre mudanças no mercado ou na economia, o executivo bem-sucedido é o que sabe melhor do que ninguém garimpar algumas questões e pinçar coisas como: "Isso gerará problemas ou produzirá novas necessidades? Para quem? Eu tenho alguma competência ou conhecimento para ajudar a esse alguém? Como?". Pescar oportunidades onde os outros apenas veem o rio, e não os peixes que lá estão. Obviamente, o anzol deve passar por águas próximas da sua área de especialidade.

4. **Tratar sua carreira como se fosse um verdadeiro negócio**: verificar novos mercados potenciais. Constituir uma diretoria de desenvolvimento de novos negócios da **Você & Cia.** Procurar algum espaço desocupado dentro de sua companhia e tomar conta dele antes que outro aventureiro o faça. Verificar possíveis nichos potenciais ou áreas cinzentas onde possa ampliar suas atividades e ocupar novos mercados. Alguns desses nichos se coadunam com o *core business* de seu empregador? Se sim, venda a ideia de investir nessa área. Se não conseguir localizar um produto/serviço, então descubra um problema. Ponha um turbo em sua carreira. Al Ries e Jack Trout, em seu livro *Horse Sense*,[5] aconselham que o executivo deve encontrar um cavalo que o leve rapidamente para frente em sua carreira. Pode ser o cavalo da empresa, o cavalo de um bom casamento, o cavalo de uma boa ideia ou até o cavalo de algum problema, desde que o executivo saiba transformá-lo em uma forma de ganhar dinheiro. Coisas desse tipo sempre acontecem. Foi quando perdeu sua carteira em um restaurante e não sabia como pagar a conta é que Frank McNamara teve a ideia de criar o primeiro cartão de crédito do mundo, o Diner's Club. Ele soube transformar um problema em uma nova empresa para solucioná-lo todas as vezes que ele acontecesse. Peter Drucker dizia há tempos em seu livro *Uma era de descontinuidade*: "Amarre o seu vagão em uma boa locomotiva.

Ela o levará muito mais depressa para onde você pretende ir e certamente economizará a sua energia pessoal".[6] Veja em qual locomotiva você pode amarrar seu vagão e faça-o bem depressa. Se houver alguma outra carruagem mais rápida, faça a substituição com critério e uma grande dose de sabedoria. Se houver alguma tecnologia mais avançada, lance mão dela, antes que outros o façam.

5. **Desenvolver seu *networking***: desenvolver uma intensa rede de relações sociais. A *networking* tem por objetivo ampliar o rol de amizades e de relacionamentos pessoais para tornar o executivo conhecido dentro e fora da companhia onde trabalha e no mercado em que atua. Cultivar amizades é um importante investimento de cada executivo para conquistar emprego, carreira, ideias, sugestões, experiências e iniciativas. Isso pode significar a diferença entre ter ou não ter futuro profissional. A cada dia, procure acrescentar um nome a mais em sua agenda de endereços importantes. Parte dos futuros empregos podem resultar de indicações de sua rede de conhecimentos. Faça contatos com *headhunters* e envie periodicamente a eles seu currículo atualizado. Mostre seu produto em todas as prateleiras possíveis onde julgue necessário. Ele deve ficar à vista dos interessados.

6. **Não pensar como um mero funcionário. Agir como um fornecedor**: deixar de lado o antigo comportamento formal, burocrático e focado no cargo. Isso é coisa do passado. Trabalhe como se você fosse um fornecedor de atividades e de soluções para sua empresa. Adote uma roupagem de profissionalismo. Não fique enclausurado em uma sala ou sentado eternamente à sua mesa, como um cacique Touro Sentado, mas circule pela empresa, fale com as pessoas, tome conhecimento dos problemas e situações, sinta os clientes e suas expectativas. Não se restrinja aos processos, às rotinas, aos meios ou a métodos vigentes, mas focalize os objetivos, as metas, os resultados a alcançar e o cliente cujas necessidades devem ser satisfeitas. Não se comporte como uma vaca de presépio nem aceite passivamente as coisas, mas pratique ativamente o inconformismo deliberado. Isso significa que você não deve aceitar as coisas como elas são e estão, nem considerá-las ótimas ou perfeitas, prontas e acabadas, mas sempre passíveis de contínua melhoria e de aperfeiçoamento gradativo. Essa é a mola do progresso. Ao abandonar a mentalidade rotineira e burocrática de funcionário, você deve mirar metas e objetivos, saber vender seu produto, criar redes de fornecedores e prestadores de serviços e fazer alianças estratégicas com outras áreas para melhor atender à sua empresa. Isso produz a capacidade de aglutinar pessoas em torno de um projeto e de formar e desenvolver equipes coesas e eficazes.

7. **Aprender a lidar com as pessoas**: a habilidade no trato com as pessoas é outra exigência dos tempos modernos. Como as empresas não têm mais estruturas rígidas e burocráticas, nem departamentos fixos e eternos, elas se apoiam vigorosamente em um sistema orgânico e flexível, no qual os órgãos cedem lugar para equipes multifuncionais de trabalho que nascem, crescem, se desenvolvem e desaparecem de acordo com as necessidades que surgem e são satisfeitas. Dessa maneira, os colegas de trabalho se revezam e se alteram exigindo flexibilidade e ajustes, pois em cada uma dessas equipes cada pessoa terá de se comportar de uma maneira diferente, uma vez que tanto os assuntos quanto as pessoas serão também diferentes. Empresas de alta tecnologia, como a Hewlett-Packard, em que todo trabalho é realizado por equipes autogeridas, a facilidade de relacionamento

humano é condição muito mais importante do que os conhecimentos tecnológicos na avaliação dos candidatos que ali disputam as vagas disponíveis. A lógica que emerge dessa filosofia é a de que é mais fácil ensinar habilidades concretas e técnicas; enquanto lidar com pessoas envolve habilidades interpessoais abstratas e de difícil mensuração.

8. **Adicionar mobilidade e multifuncionalidade**: existem dois aspectos que acrescentam pontos valiosos em qualquer currículo nos dias de hoje. Ambos podem ser sinônimos de flexibilidade. O primeiro deles, a mobilidade, é a facilidade de deslocamento e mudanças. O segundo é a multifuncionalidade – a facilidade de acumular funções distintas e trabalhos diferentes. O executivo moderno desloca-se por diferentes cidades e participa de várias equipes. Sua presença nas equipes é praticamente virtual, pois não precisa estar presente a cada momento para tocar os projetos. Sem local fixo de trabalho, os símbolos tradicionais de *status* e de posição perdem importância. Seu escritório é itinerante, graças à tecnologia da informação: o *notebook* com *fax* e *modem* permite conexão com a rede da empresa em qualquer lugar de trabalho, além do celular no bolso. As fronteiras geográficas para os negócios e as carreiras estão desaparecendo. É preciso empregar as habilidades pessoais, ampliando-as para as outras funções. A DuPont mostra alguns exemplos de multifuncionalidade em alto nível. Cada um dos seus cinco vice-presidentes da subsidiária sul-americana acumula duas funções distintas, uma na linha de frente dos negócios e outra em alguma área de apoio, combinando funções de linha e de *staff*. O presidente da filial argentina é também vice-presidente de recursos humanos para toda a América do Sul. O vice-presidente de finanças no continente também comanda a unidade de negócios de produtos derivados de flúor. Este tem trocado de função, em média, a cada 18 meses em seus 13 anos de empresa.

8.3.2 A disciplina das empresas líderes do mercado[7]

Em seu livro *A disciplina dos líderes do mercado*,[8] Wiersema e Treacy salientam que quem lidera o mercado é aquele que oferece o preço mais baixo ou aquele que acena com o melhor produto ou, ainda, aquele que oferece a cada cliente o que ele requer sob medida. Para esses autores, existem três características absolutamente vitais nas empresas líderes de mercado:

1. **Elas centram o foco em um único ponto valorizado pelos clie**ntes. Não tentam atender a todo tipo de solicitação dos consumidores nem podem oferecer o serviço mais completo e confiável, tampouco o preço mais baixo ou, ainda, o melhor produto. Eles podem oferecer qualquer coisa que o cliente valorize, mas o importante é que as líderes centram totalmente sua atenção nesse ponto e dão o melhor de si para atingi-lo, não se preocupando tanto em serem as melhores em outros pontos.
2. **Elas tentam melhorar constantemente o valor do que oferecem aos clientes**. E com muita dedicação. Não se contentam em fazer a mesma coisa dia após dia só porque a fazem bem. Tentam melhorar todos os dias e são ótimas nisso.
3. **Elas chegam à excelência de uma maneira extremamente disciplinada**. Essa é sua característica mais importante. Estão sempre concentradas em atingir um desempenho

superior exatamente naquele ponto que seus clientes valorizam. A formação e o treinamento dos funcionários são voltados para essa meta. A cultura corporativa dessas empresas líderes dá apoio sólido às pessoas para que elas cheguem rapidamente lá. Elas constroem uma tremenda máquina operacional para entregar aos consumidores exatamente aquele determinado valor que elas priorizam. Empresas como McDonald's, Johnson & Johnson, Hewlett-Packard, Toyota e Ford apoiam-se principalmente nas pessoas, e não é nenhum segredo como elas administram seus negócios a partir delas.

A crescente importância dos ativos humanos transformará cada vez mais as empresas em redes de grupos de projetos, um tipo de condomínio empresarial, conjuntos de habitantes temporários aglomerados para conveniência mútua por algum período de tempo. Isso acarreta boas e más notícias. Manterá indivíduos e organizações alertas, em que a inovação e a criatividade serão essenciais e as pessoas desejarão investir pesadamente em seu futuro em vez de deixá-lo nas mãos de seus superiores.

Por outro lado, impérios empresariais se fragmentarão e, com eles, irá muito do pensamento tradicional de longo prazo, as estruturas de carreiras, as regras básicas e as velhas tradições. A quem realmente pertenceremos se não passamos de membros de uma entusiasmada equipe de projeto que talvez não esteja lá no próximo ano? Como saberão os investidores quanto valem realmente suas ações quando essas ações dependem de uma mescla cambiável de projetos, equipada com cérebros móveis que prestam contas a vários projetos que vêm e vão? Um capital humano que migra incessantemente em busca de oportunidades melhores, enquanto as empresas vão continuamente navegando por oportunidades de negócios que também vêm e vão e surfando as ondas do sucesso para estarem sempre e sempre no mesmo lugar: na mente dos clientes e consumidores.

8.4 O NOVO PAPEL DAS EMPRESAS

Cada vez mais a visão periférica e focada no ambiente externo está ganhando espaço e importância em relação à velha visão introvertida, fechada e auto-orientada que existia nas empresas. É que a Visão e a Ação Estratégica requerem uma nova e diferente mentalidade, uma mentalidade alerta, aberta e holística. E essa nova e diferente mentalidade requer, necessariamente, uma cultura organizacional igualmente aberta, participativa, envolvente, calorosa e democrática capaz de conquistar e engajar as pessoas tanto na Visão quanto na Ação Estratégica rumo à excelência, competitividade e sustentabilidade da empresa. No entanto, a cultura é o elemento dinâmico que requer uma estrutura organizacional adequada aos seus propósitos. Essa nova e diferente mentalidade requer uma arquitetura organizacional que, em vez de dividir e fragmentar a tarefa organizacional, provoque a inclusão, integração e sinergia de todos os esforços envolvidos.

Contudo, cultura organizacional e estrutura organizacional requerem um estilo de gestão adequado, ou seja, um perfil de liderança que se afaste do velho modelo tradicional de gerenciamento para aproveitar as novas condições de mentalidade e organização do trabalho. O administrador em todos os níveis de uma empresa – desde o presidente até o supervisor de primeira linha – precisa adotar um estilo de liderança aberto, integrador, impulsionador, apoiador, democrático capaz de engajar, motivar e entusiasmar a equipe em direção aos objetivos almejados.

Assim, o administrador precisa reunir duas competências básicas para deixar de ser um especialista e se transformar em um estrategista. Como já dissemos, em primeiro lugar, deve desenvolver uma habilidade "espacial" de ver o todo, e não simplesmente cada uma de suas partes. É o que chamamos de **Visão Sistêmica** ou **Holística** e que se caracteriza por ver a totalidade e perceber nela as funções de cada uma das partes e seus entrelaçamentos. Além dessa visão global e totalizante, o estrategista se caracteriza pela visão periférica por meio da qual percebe o ambiente que circunda e rodeia o todo – o sistema – e vê qual é o papel que esse todo desempenha no ambiente que o acomoda. Além dessa habilidade "espacial", deve desenvolver uma habilidade "temporal" e ampliar sua perspectiva de futuro. Trata-se de perceber as decorrências e consequências de suas decisões e ações no longo prazo e no futuro. O estrategista é capaz de pensar no longo prazo e perceber o curso futuro de suas escolhas e ações. Essa é a mente do estrategista que lhe permite o que chamamos de **Visão Estratégica**. E a **Ação Estratégica** representa a maneira como compõe equipes de execução e as lidera e motiva em direção aos objetivos pretendidos.

Somente com todas essas mudanças – culturais, estruturais e de estilos de gestão – é que se pode alcançar o máximo efeito da Visão e Ação Estratégica. O mundo dos negócios está para se conferir.

Como dizia Bateson,[9] existem cinco tipos de criaturas no mundo. Primeiro, as que somente são e existem. Segundo, as que são e vivem. Terceiro, as que são, vivem e se movem. Quarto, as que são, vivem, se movem e pensam. E, finalmente, aquelas que mais nos interessam: as que são, vivem, se movem, pensam e pensam como pensam. Estamos dedicando este livro a esse último tipo de criaturas. E a quem desejamos muito sucesso!

QUESTÕES PARA REFLEXÃO E DEBATES

1. Quais os novos desafios para que uma empresa se torne excelente?
2. As origens da estratégia residem na administração ou em outros campos? Explique.
3. A Visão Estratégica substitui a improvisação pelo desenho de estratégias a partir de um processo de aprendizagem. Quais são os resultados essenciais ao negócio por meio desse processo de aprendizagem?
4. Explique o novo papel das pessoas nas empresas bem-sucedidas.
5. As pessoas são recursos ou são parceiros? Quais as diferenças?
6. Como melhorar sua empregabilidade? Explique.
7. Como tratar sua carreira como um verdadeiro negócio?
8. Explique mobilidade e multifuncionalidade.
9. Como desenvolver seu *networking*? Explique.
10. Quais as três características das empresas líderes de mercado segundo Wiersema e Treacy?

REFERÊNCIAS

1. LEVY, A. R. *Competitividade organizacional*: decisões empresariais para uma nova ordem econômica mundial. São Paulo: Makron Books, 1992. p 162-163.
2. CHIAVENATO, I. *Recursos Humanos*: o capital humano das organizações. 11. ed. São Paulo: Atlas, 2020.
3. BRIDGES, W. *Job Shift*. São Paulo: Makron Books, 1999.
4. MINARELLI, J. A. *Empregabilidade*: o caminho das pedras. São Paulo: Saraiva, 1995.
5. RIES, A.; TROUT, J. *Horse Sense*: encontre o cavalo certo para montar. São Paulo: Makron Books, 1991.
6. DRUCKER, P. F. *Uma era de descontinuidade*. São Paulo: Zahar, 1978.
7. EXAME. Qual é a mágica dos líderes de mercado?, *Exame*, p. 84-86, 1º mar. 1995.
8. WIERSEMA, F.; TREACY, M. *A disciplina das líderes do mercado*. São Paulo: Rocco, 1995.
9. BATESON, G. *Steps to an ecology of mind*. New York: Ballantine, 1972.

Acesse à Sala de Aula Virtual para obter conteúdos complementares e aprofundar seus conhecimentos sobre o tema deste capítulo.

9 EXPANDINDO O MODELO MENTAL DAS LIDERANÇAS

Os Cinco Focos da Visão e da Ação Estratégica

Idalberto Chiavenato

A Visão e a Ação Estratégica exigem estrategistas. Para sermos estrategistas, precisamos preparar nosso foco, isto é, a maneira como vemos as coisas, como observamos, pensamos, analisamos, criamos, nos comportamos, aprendemos, ensinamos e raciocinamos. E, também, como agimos. Em outras palavras, precisamos pensar e nos comportar da maneira como os estrategistas fazem. Isso significa vestir e paramentar a mentalidade do estrategista. Em outras palavras, ampliar nosso modelo mental. Enfim, precisamos pensar, raciocinar, visualizar e agir como estrategistas.

9.1 TRANSFORMANDO O MODELO MENTAL DAS LIDERANÇAS: OS CINCO FOCOS DA VISÃO E DA AÇÃO ESTRATÉGICA, SEGUNDO MINHA OPINIÃO

Em primeiro lugar, é preciso colocar todas as áreas funcionais – marketing, finanças, produção ou operações e gestão humana (GH), todas elas, no epicentro do negócio da organização de forma conjunta e equilibrada para buscar sinergia de esforços. Todas elas têm apresentado muitos especialistas que oferecem um belíssimo trabalho e constituem peças importantes no cenário organizacional da atualidade, o que deve continuar acontecendo. No entanto, o problema é que seu trabalho precisa alcançar maior presença, repercussão e impacto direto nos resultados globais do negócio da organização.

Para que isso possa acontecer em toda a sua plenitude, todas as áreas funcionais precisam ter estrategistas que ajudem a conduzir a organização aonde ela realmente pode e precisa chegar. A diferença é que o especialista se dedica, intensa e particularmente, a um campo definido e delimitado de ação em um belo trabalho, se concentra profundamente nele, mas quase sempre perde de vista o que ocorre fora e além de sua especialidade e, quando muito, faz com que haja apenas adição de esforços. Assim, a organização dotada apenas de especialistas tende a se tornar um conjunto de silos separados e de atividades especializadas que ocorrem paralela e separadamente, que exigem uma forte integração e concentração na ponta superior da hierarquia organizacional para que haja a harmonia e o alinhamento necessários. E nem sempre isso acontece quando a cúpula está preocupada com outras emergências. Essa fragmentação de atividades decorrente da especialização não consegue acompanhar as mudanças e as transformações no ambiente externo. Além disso, adicionar é necessário, mas não suficiente nos dias de hoje. É preciso muito mais do que isso. É preciso alcançar sinergia interna e buscar a integração e consequente multiplicação de esforços por meio da conectibilidade e das interações recíprocas que ampliam e expandem os resultados oferecidos. Ao contrário do especialista, o estrategista aborda o todo organizacional e busca alinhar e conectar todas as suas partes de modo integrado e sistêmico para alcançar resultados amplos, sinérgicos e surpreendentes em total abertura com o mundo externo. Em outras palavras, isso significa oferecer resultados muito acima da mera soma de esforços esparsos. Aí, sim, todas as áreas funcionais em conjunto vão garantir sua presença vital na oferta de resultados ampliados da organização. Afinal, tecnologia ajuda muito, mas as pessoas são imprescindíveis no alcance desses resultados. A moderna organização requer uma forte orientação estratégica.

Enquanto o especialista se concentra, única e exclusivamente, em uma das partes específicas do sistema, o estrategista busca uma Visão Estratégica e ampla que envolve o sistema, seu ambiente externo, a dinâmica de ambos e as decorrências futuras de suas interações e influências recíprocas. A mente do estrategista, no meu raciocínio, envolve cinco focos simultâneos e integrados, a saber:

1. **Visão sistêmica**: significa ver a totalidade, e não apenas uma parte dela. Entender como as peças que formam o todo se entrelaçam e como elas funcionam como vasos comunicantes entre si. Compreender a estrutura dessas conexões e interações e como elas proporcionam valor agregado em termos de sinergia. Essa visão sistêmica pode ser endereçada a toda a organização ou focada apenas na área de GHE (Gestão Humana Estratégica) como um todo.

   A visão sistêmica pode abordar a organização como um todo por meio de uma perspectiva integrada que envolve as competências organizacionais (*core competences*) indispensáveis para o sucesso no negócio, bem como as competências funcionais oferecidas em conjunto pelas áreas de marketing, produção/operações, finanças, GHE etc. Além disso, envolve as pessoas que estão em todos os lugares, áreas e níveis da organização. É preciso ter uma visão ampla e envolvente que englobe todas elas, sem qualquer exceção. E como elas devem interagir, seja por relações de liderança, de composição de equipes ou de mera camaradagem e amizade informal.

   No entanto, a visão sistêmica pode também focalizar uma área funcional específica como um todo, envolvendo seus processos e valor que agregam à organização. Isso depende da posição do estrategista: ele pode visualizar sua organização como uma totalidade (o que seria desejável) ou abordar sua área funcional em sua integridade. No primeiro caso, trata-se de uma abordagem estratégica. No segundo, uma abordagem tática, mas sempre com um toque estrategista.

Exercício

Procure desenvolver sua visão sistêmica olhando para toda a sua organização a fim de ter uma ideia ampla e total dela. Para tanto, veja sua constituição, arquitetura, níveis, órgãos, processos, produtos, serviços, força de trabalho, em termos genéricos e globais, bem como suas interações e reciprocidades.

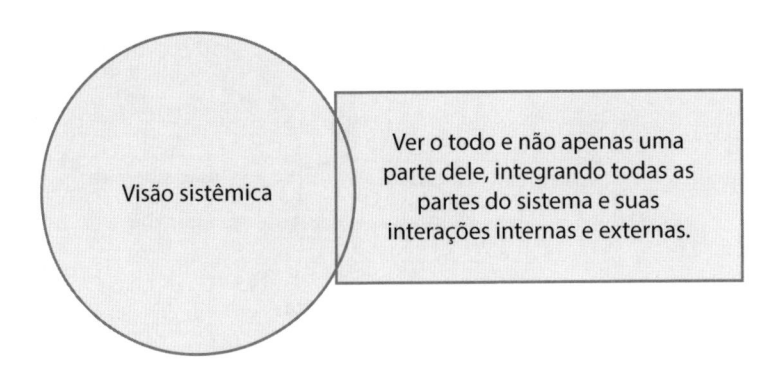

Visão sistêmica — Ver o todo e não apenas uma parte dele, integrando todas as partes do sistema e suas interações internas e externas.

Figura 9.1 Visão sistêmica.

2. **Visão periférica**: significa ver onde o sistema está inserido, ou seja, visualizar o ambiente externo que envolve a organização e suas influências no comportamento organizacional ou a área funcional como um subsistema dentro do seu ambiente externo que é a organização. Compreender as interações entre o sistema – ou subsistema – e seu ambiente em termos de entradas, saídas e retroações positivas ou negativas dessas interações. Isso significa levar em conta o entorno e visualizar fora da caixa para entendê-lo adequadamente.

Além disso, é preciso compreender que as pessoas cumprem outros papéis sociais e que fazem parte de uma sociedade maior na qual acessam e participam de outras organizações religiosas, esportivas, políticas, educacionais etc. De outro lado, é preciso compreender também que a organização onde se trabalha interage reciprocamente com outras organizações – que com ela cooperam ou competem – influencia e é influenciada pelo que ocorre na sociedade maior. E que é lá fora que existem os *stakeholders*, o mercado de clientes e a concorrência atuando dinamicamente sobre os mesmos clientes e fornecedores e ditando a incessante dinâmica da competição. É preciso compreender que a organização não está sozinha no mundo e que também depende de uma infinidade de outras organizações, bem como que precisa conquistar sempre o interesse e a participação de seus *stakeholders* internos e externos. Ou, então, que a área funcional não está sozinha dentro da organização.

Exercício

Procure desenvolver sua visão periférica olhando para o exterior que envolve sua organização para ter uma ideia ampla e total do mundo de negócios lá fora. Para tanto, perceba a dinâmica das variáveis econômicas, sociais, culturais, tecnológicas e demográficas, bem como dos clientes, fornecedores, agências reguladoras e concorrentes à sua volta.

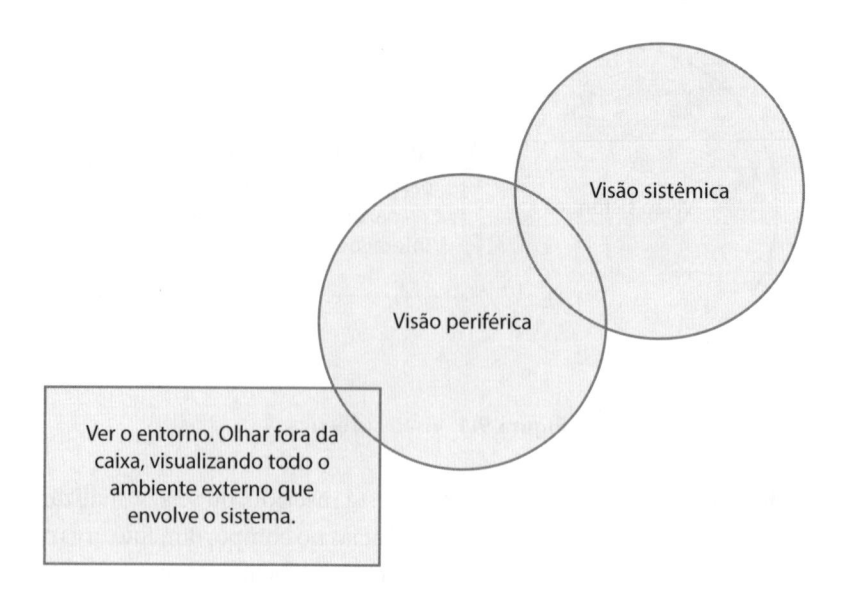

Figura 9.2 Visão periférica.

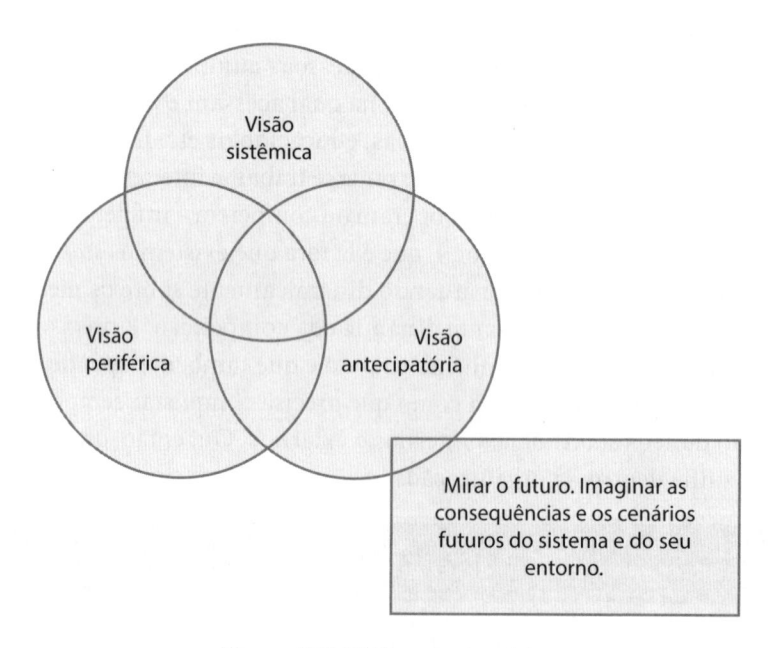

Figura 9.3 Visão antecipatória.

3. **Visão antecipatória**: mirar o futuro que virá rápida e fatalmente e as consequências desencadeadas pelas decisões e as ações de hoje. Ter em mente os objetivos organizacionais de curto, médio e longo prazo e na esteira a sequência de suas decorrências pela frente. De um lado, imaginar o futuro do sistema, bem como os cenários ambientais futuros que cercarão o sistema. Além disso, é preciso compreender que o mundo dos negócios não está parado e que as mudanças e transformações que o dinamizam não vão estacionar, mas,

pelo contrário, acelerar, criando um futuro cada vez mais diferente do que esperamos. É preciso preparar a organização para ele, pois ele está chegando cada vez mais depressa. Para tanto, o estrategista precisa ter uma visão proativa e antecipatória. Há um ditado popular que diz que temos total liberdade para tomar decisões (livre arbítrio), mas somos prisioneiros de suas consequências. Melhor dizendo: tudo o que você faz um dia volta para você.

Exercício

Procure desenvolver sua visão antecipatória olhando para toda a sua organização a fim de ter uma ideia sobre como ela está se dirigindo para o futuro e o que ela deverá ser daqui a cinco ou dez anos. Faça o mesmo em relação aos produtos ou serviços que ela oferece ao mercado. Faça o mesmo em relação à sua força de trabalho. Faça o mesmo com a sua área funcional de trabalho.

4. **Visão de futuro**: aqui entra o espírito empreendedor e o sonho que o estrategista nutre e embala. Ter sempre em mente uma visão ideal e utópica do que deveria ser sua organização no futuro ou sua área funcional de atividade. Um projeto mental de futuro com os objetivos previamente definidos para pavimentar o caminho e as métricas e indicadores necessários para alcançá-los da melhor maneira possível. É o estado ideal que o estrategista empreendedor pretende transformar em realidade no futuro próximo ou remoto. É a sua visão de futuro.

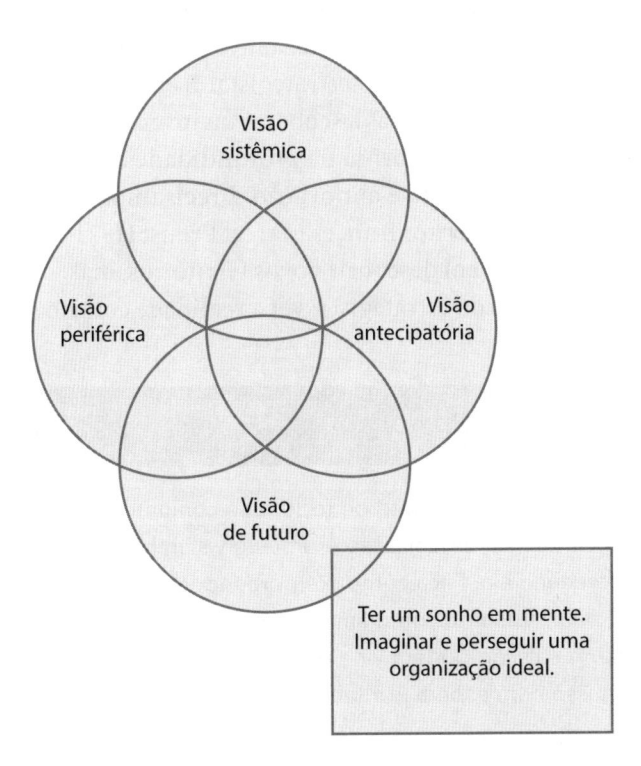

Figura 9.4 Visão de futuro.

> **Exercício**

Procure desenvolver sua visão de futuro para imaginar como sua organização poderia se tornar excelente e o melhor lugar para trabalhar, bem como o que deveria ser feito ou construído para que isso pudesse acontecer adiante.

5. *Insight* **de todo esse conjunto e busca de intuição**: alcançar uma visão ampla e envolvente que permita criar soluções integradas e realmente eficazes e inovadoras. Como dizia Albert Einstein, a solução de um problema não pode ser alcançada no mesmo nível em que ele foi criado. É preciso pairar acima desse nível para resolvê-lo adequadamente. O *insight* – ao proporcionar uma compreensão superior da situação – favorece a intuição pessoal na busca de uma solução criativa e inovadora. Aqui entra o aspecto não mensurável da mente do estrategista: sua intuição.

   A partir de todo esse conjunto de multidestrezas integradas – visão sistêmica, visão periférica, visão antecipatória e visão de futuro – é preciso alcançar um *insight* – a capacidade de ganhar uma profunda e acurada compreensão por meio de um sexto sentido que aponta novos e diferentes rumos e caminhos – para chegar a uma conclusão que paira acima de tudo aquilo que a provocou. O *insight* depende de uma apreensão mental a respeito da realidade como um todo, envolvendo total discernimento e imaginação. É ele que produz a descoberta, a invenção e o encontro do caminho para a inovação e o sucesso. É o *eureka* do estrategista. E em decorrência dele, aqui vem a intuição, a mola propulsora de toda descoberta ou invenção. Ela está dentro de todos nós. E é preciso buscá-la e descobri-la na profundidade de nossas mentes. É ela que traz a criatividade, a descoberta e a inovação. Precisamos nos acostumar a sermos inovadores. Como dizia o escritor francês Marcel Proust (1871-1922): o ato verdadeiro da descoberta não consiste em descobrir novos territórios, mas, sim, vê-los com novos olhos. E isto está na mente do estrategista: ver a realidade com novos olhos e descobrir novos panoramas.

> **Exercício**

Procure desenvolver um *insight* a respeito de todo esse conjunto que vimos e sua intuição pessoal a respeito. Focalize sua organização e procure vislumbrar alguma ideia inovadora que você pudesse oferecer a ela. Faça como o empreendedor que vê oportunidades onde ninguém as visualiza, ou as visualiza como ameaças ou restrições. Se não conseguir no momento, não desanime. A solução poderá vir a qualquer hora. Principalmente, quando você não se preocupa com isso nem espera por tal.

Os cincos focos da Visão e da Ação Estratégicas

- Visão sistêmica
- Visão periférica
- *Insight* e intuição
- Visão antecipatória
- Visão de futuro

> Mirar todo o conjunto. Compreendê-lo em sua integridade e traçar soluções em um nível mais elevado

Figura 9.5 *Insight* e intuição.

Albert Einstein dizia que não se pode resolver um problema no mesmo nível de raciocínio com que ele foi criado. É preciso pairar acima dele para chegar a uma solução. Esse é o resumo da visão e da Ação Estratégica, em minha opinião. E é isso tudo que está na mente do estrategista quando ele se põe a buscar soluções amplas e inovadoras para sua organização ou para sua área funcional. O modelo mental do estrategista é amplo e envolve e integra simultaneamente o sistema organizacional como um todo, o contexto ambiental que o cerca e com quem interage, o futuro em termos de consequências posteriores e decorrências de decisões e ações atuais, a visão de futuro que ele pretende alcançar e o *insight* e a intuição que lhe permitem uma visão ampla e holística que o especialista não consegue nem pode alcançar porque está além do seu campo de ação. Uma incrível e fina sintonia entre o que temos na organização inteira, em seu entorno ambiental, na dinâmica de seus múltiplos desdobramentos, na visão que busca sempre um futuro melhor e na confluência de tudo isso por meio de uma *gestalt* que conduz a um patamar panorâmico repleto de soluções incríveis e de oportunidades a serem aproveitadas. Tudo isso pode ajudá-lo a atuar como um verdadeiro estrategista. Contudo, lembre-se, a visão e a ação estratégicas requerem que todas essas cinco dimensões estejam sempre presentes em todas as suas análises, decisões e ações. Saiba transformá-las em uma caixa de ferramentas em sua mente. Ela será sua Visão e Ação Estratégicas. Muito sucesso pela frente!

ÍNDICE ALFABÉTICO

A

Ação estratégica, 25, 140, 143
Acionistas, 6
Acompanhamento e avaliação das metas/ comitê estratégico, 12
Adaptação da organização a um ambiente altamente mutável, 27
Administração
  Participativa por Objetivos (APPO), 40, 41
  por Objetivos (APO), 40
Admitir falhas, 57
Agir por impulso, 4
Ajudar as pessoas a agir, 77
Aliados, 6
Alianças estratégicas, 9
Alice no país das maravilhas, 117
Alvo, 81
Ambição estratégica, 31
Ambiente altamente mutável, 27
Ambiguidade, 31
Ameaça, 10
Amor, 87, 92
Análise do ambiente
  externo, 10
  interno, 10
Apoio dos talentos para as mudanças organizacionais, 38
Aprender
  a lidar com as pessoas, 137
  a mudar, 32
Aprendizagem, 124
comunidade vivencial de, 14, 52
conceito de, 133
organizacional, 28
Arbitragem, 69
Áreas essenciais, 9
Arquimedes, 2
Assessoria gerencial, 62
AT&T, 36
Atividade(s)
  alternadas do ciclo de felicidade no trabalho, 98
  permanente do ciclo de felicidade no trabalho, 97
Autoavaliação da equipe, 111
Autoeficácia, 39
Autoridade, 67
Autoritarismo, 23
Avaliação, 89
  da cultura, 47
  de atividades, 135
  e intercâmbio, 97
Aventureirismo, 8

B

Balanço situacional, 91
Banalização da morte, 122
Bem comum, 101
Bilac, Olavo, 18, 136
Biologia organizacional, 29
Bom
  humor, 110
  senso

em gerência, 52
  na criatividade, 60
Bridges, William, 135

C

Caminho-meta, 77
Capacidade
  de comunicação, 136
  de manobra, 132
  integradora, 18
Capacitação, 39
Capital, 90
  humano, 134, 139
Caráter futurístico e visionário da organização, 36
Carisma, 67
Cartazes ilustrativos, 98
Catalisação, 69
Celebrar realizações, 77
Cenários, 5, 11
Chicago Bulls, 67
Ciclo
  de felicidade, 93, 94
    no trabalho, 91, 92
      aplicação metodológica do, 96
      atividade(s)
        alternadas do, 98
        permanente do, 97
      justificação estratégica, 96
  vital da realidade do saber, 123
Cidadania, 88
Cliente(s), 6, 33, 87, 106
  externo, 33
  interno, 33
  personalizado, 22, 87
  satisfeito, 98
  tem sempre razão, 48
Clima organizacional, 14
Coação colorida, 47
Colaboração, 28

Colaboradores, 6
Comitê estratégico, 12, 90
Comparação entre gerência e liderança, 66
Competências, 108
Competitividade predatória, 101
Comportamento do líder
  aceitável e satisfatório, 80
  motivacional, 80
Comprometimento com os objetivos, 39
Comunicação, 81
Comunidade, 6, 11, 90
Comunidade
  atendida, 99
  vivencial de aprendizagem, 14, 52
Concorrência, 7
Concorrentes, 6
Conflito no trabalho, 55
Conhecer os liderados, 56
Conhecimento, 107, 123, 124
  e mercado, 2
Conscientização, 82
Consenso, 28
Contribuição criativa, 60
Cooperação espontânea, 52
Covey, S, 81, 82
Credibilidade, 81
Criatividade, 31, 59, 125
  bom senso na, 60
Crítica(s), 110
  construtiva, 62
Cultura
  de violência, 125
  dos "sem nada", 122
  organizacional, 14, 18, 20, 22
    deficiente, 22
    fechada, 93
Custos, 5

D

Dar o exemplo, 77

Darwin, Charles, 29
Darwinismo organizacional, 31
Davenport, Thomas H., 44
Decisões, 40
  estratégicas, 11
Definição de objetivos, 38
Delegação, 55, 56, 125
Desafio(s)
  do administrador, 25
  do processo, 77
Descentralização, 21
Desconforto, 31
Descongelamento do padrão atual de comportamento, 115
"Desemburrecendo" a organização, 23
Desemprego, 122
Desenho organizacional das empresas bem-sucedidas, 105
Desenvolvimento
  de equipes, 110
  de mudanças, 60
  de *networking*, 137
Desintegração das lideranças, 22
Desobediência à cultura, 47
Diagnóstico
  dos problemas, 97
  honesto, 31
  organizacional, 9, 15
Dignidade humana, 101
Diner's Club, 136
Dinheiro, 40
Disciplina das empresas líderes do mercado, 138
Diversidade de culturas, 127
Diversificação de atividades, 135
DNA corporativo, 31
Dominação, 55
Dramatizações, 98
Drasticidade, 44
Drucker, Peter, 35, 40, 49, 51
DuPont, 138

E

Ecologia das organizações, 87
Educação
  empresarial, 19, 90
  gerencial interativa a distância, 91
Eficiência no trabalho, 95
Einstein, Albert, 2, 149
Emburrecimento das organizações e o pensamento estratégico, 23
Emoção, 30
Empreendedor, 18
Empregabilidade, 135
Empresa, 90
  bem administrada, 89
  centrada no produto, 8
  como comunidade vivencial de aprendizagem, 50
  como prestadora de serviços, 88
  derrotada, 8
  descentralizada, 15, 89, 92
  feliz, 85, 86, 90
    fundamentos da, 91
    modelo de, 90
  humana, 15, 89, 92
  moderna, 15, 89, 92
  profissionalizada, 14, 88, 92
Endomarketing, 47
Ênfase nos objetivos, 77
Enriquecimento da tarefa, 58
Enterre o velho, 82
Entusiasmo, 77
Envolvimento, 8, 82
Equipe(s), 105, 108
  comprometida, 54
  conceito de, 107
  de trabalho, 109
  desenvolvimento de, 110
  multifuncionais, 105
  que fazem coisas, 108
  que pesquisam e aceleram coisas, 108

que recomendam coisas, 108
Era
  da informação, 27
  Digital, 27, 37
  Industrial, 27
Esboço tático, 97
Escolha de padrões de liderança, 75
Escuta, 61
Espaço à reflexão, 46
Espírito
  aberto, 83
  de aventura, 83
  de realização, 81
  empreendedor, 8, 81
Estado de felicidade, 92, 102
Estilo(s)
  da grade gerencial (*managerial grid*), 73, 74
  de liderança, 66, 71
    orientada para as pessoas ou para as tarefas, 72
Estratégia(s), 17, 31
  de empresa, 11, 13, 15, 22, 50
  de transformação, 43
  empresarial, 14, 25
  inteligente, 25
  organizacional, 26
Estresse, 85
Estrutura em equipes, 113
Etapa preliminar, 96
Ética do lucro, 90
Excelentes desempenhos, 57
Execução, 32
Exercício
  da crítica, 62
  de filosofia de empresa, 91
Expectância, 40

F

Faça, 55
Fator(es)
  ambientais externos, 28
  internos negativos, 8
  organizacionais internos, 29
  QF, 92, 102
Fé, 87, 92
Felicidade, 94, 95
  na empresa, 85
Fenômeno
  bumerangue, 49
  Gulliver, 126
Ferramentas do líder moderno, 80
Filosofia, 16
Filosofia da empresa, 14, 93
Fim do trabalho, 122
Flexibilidade, 125
Flutuação, 2
Foco
  no cliente, 19
  no objetivo principal, 6
Fontes de poder, 68
Forças
  e fraquezas da atuação global, 11
  na situação, 75
  no gerente, 75
  nos subordinados, 75
  que atuam no processo de mudança, 117
  que condicionam os padrões de liderança, 75
Ford, 139
Formação e desenvolvimento de equipes, 110
Fornecedores, 6, 137
Fórum estratégico, 90
Fracasso, 20
  organizacional, 22
Fragmentação, 125
Fraquezas, 11
Funcionário, 137
Funções do líder, 69, 77
Futuro, 132

G

General Motors, 112
Gerência, 66
Gerente
  educador, 14, 52, 53, 91
  líder, 14, 53
Gestão
  educadora, 19
  humana estratégica, 144
Globalização, 106, 125, 127
Governo, 6
Grade gerencial (*managerial grid*), 73
  estilos principais da, 74
Gravidade, 2
Grupo de trabalho, 109
Guerra de preços, 8

H

Hammer, Michael, 44, 45, 51
Hewlett-Packard, 34, 137, 139
História, 17

I

IBM, 36, 128
Ignorância seletiva, 61
Imagem institucional, 52
Imperialismo econômico, 121
Implementação, 32
Improdutividade, 55
Incerteza, 31
Influência, 67
Influenciação, 67
Informação(ões), 123
  confiáveis, 7
Inimigos, 6
Inovação, 8
Insight, 148, 149
Inspiração, 70
Instituto Rochester de Tecnologia, 51

Instrumentalidade do desempenho, 40
Instrumentos para implementar o modelo de empresa feliz, 90
Integração, 96, 97
Inteligência, 94
  coletiva, 30
  criativa, 94
Intuição, 20, 148, 149
Inveja, 110

J

Johnson & Johnson, 139
Jordan, Michael, 67

K

Kroc, Ray, 16

L

Lazer, 87, 92
Legitimação, 82
Leitura interativa, 96
Levitt, Theodore, 34
Líder(es)
  apoiador, 79
  carismático, 67
  diretivo, 79
  funções do, 69, 77
  orientado para
    as pessoas, 72
    as tarefas, 72
    metas ou resultados, 79
  papéis como agente de mudanças, 116
  participativo, 79
Liderança, 15, 53, 65, 66, 69, 89
  autocrática, 70, 71
  centrada
    na tarefa (*job centered*), 72
    nas pessoas (*employee centered*), 72
  democrática, 70, 71
  eficaz nove posturas fundamentais para a, 76

em uma ferramenta pessoal, 69
escolha de padrões de, 75
estilo de, 66, 71
integrada, 14, 22, 51, 88
liberal, 70, 71
modelo mental das, 143
orientada para as pessoas ou para as tarefas, 72
renovadora, 17, 86
teorias situacionais de, 74
transformadora, 128
três estilos de, 70
Lógica do ganho, 122
Lucratividade sustentada, 89
Lucro, 89

M

Mandar, 54
Mapa para formulação da estratégia de empresa, 91
Marketing, 9
Matos, Francisco Gomes de, 110
Maturidade, 94
McDonald's, 16, 34, 139
McNamara, Frank, 136
Mercado, 11
Metas, 5
Microsoft, 36
Minarelli, José Augusto, 135
Miopia estratégica, 22
Missão, 4
  organizacional, 32
    exemplos de, 34
Mobilidade, 138
Modelagem do trabalho, 40
Modelo
  de empresa feliz, 90
  econômico neoliberal, 121
  mental das lideranças, 143
  simplificado de consulta, 9

Modernidade, 21
Möller, Klaus, 26
Monitoria de renovação contínua, 91
Motivação, 8
  das pessoas, 110
  dos talentos, 25, 37
Motorola, 36
Mudança(s), 60, 114, 115, 116
  culturais, 117
  desenvolvimento de, 60
  externa, 31
  individuais, 81
  interna, 31
  na estrutura organizacional, 118
  na tecnologia, 118
  nas pessoas ou na cultura da organização, 118
  nos produtos ou serviços, 118
  organizacional(is), 81
    verdadeiro sentido da, 118
Multifuncionalidade, 138
Multiplicação de experiências, 97

N

Negociação, 125
  interdepartamental, 91
Networking, 137
Newton, Issac, 1
Novo papel
  das empresas, 139
  das pessoas, 133
Novos negócios, 9

O

Obedecer, 54
Objetividade, 58, 96
Objetivos, 5, 40, 69, 108
  de mudança, 8
  definição de, 38
  designado, 39

ênfase nos, 77
específicos, 39
genéricos, 39
imprecisos, 39
mais difíceis, 38
menos difíceis, 38
organizacionais, 40
pessoais, 40
principal, 6
vagos, 39
Oficina de liderança, 90
Oportunidades, 1, 8, 10
Organização(ões), 89
  caráter futurístico e visionário da, 36
  competente, 88
  do futuro preocupações das, 106
  e métodos, 45
  ecologia das, 87
  eficiente, 99
  flexível, 88
  fracasso e sucesso, 22
  paradoxos das, 114
  por redes de equipes, 112
  sem fronteiras, 127
  sucesso e fracasso das, 22
Orgulho, 70

P

Packard, David, 34
Padrões de liderança, 75
Papéis relacionados
  com a tarefa, 77
  com as pessoas, 77
Paradigmas organizacionais, 114
Paradoxo
  da velocidade das transformações, 123
  das organizações, 114
  de Zenão, 17
Parceiros, 6
Participação, 88

Pensamento estratégico, 16, 23, 29, 90
  de renovação contínua, 50
  emburrecimento das organizações e, 23
Pense, 55
Percentual a ser atingido, 5
Percepção de oportunidades, 16
Perfeccionismo, 57
Perpetuidade, 100
Pesquisa de clima, 91
Pessoas, 9
  como ativadoras de recursos organizacionais, 134
  como parceiros da organização, 134
  como seres humanos, 133
Peters, Tom, 48
Philips, 34
Planejadores estratégicos, 30
Planejamento, 3, 89
  estratégico, 3, 4, 13, 27
    acompanhamento e avaliação das metas/comitê estratégico, 12
    adaptação da organização, 27
    ambiente altamente mutável, 27
    amplo e compreensivo, 28
    aprendizagem organizacional, 28
    com programação, 7
    diagnóstico organizacional, 9
    educação empresarial, 19
    emburrecimento das organizações e, 23
    estratégia, 6
    foco nos fatores
      ambientais externos, 28
      organizacionais internos, 29
    liderança renovadora, 17
    orientado para o futuro, 28
    parâmetros do, 27, 30
    processo de construção de consenso e colaboração, 28
    renovação
      contínua, 14, 19
      em uma empresa, 14

visão
  de futuro, 28
  e gestão, 3
Plano estratégico, 17
Poder, 67
  coercitivo, 67, 68
  da pessoa, 68
  da posição, 68
  de competência, 67, 68
  de recompensa, 67, 68
  de referência, 67, 68
  legitimado, 67, 68
Política(s)
  de desenvolvimento humano, 89
  empresariais, 14
Pollard, C. William, 35
Polos existenciais, 89
Pontualidade no trabalho, 110
Práticas contraditórias, 7
Prazo, 5
Preocupações das organizações do futuro, 106
Processo
  de análise, 12
  de globalização mal direcionado, 121
  de mudança segundo Lewin, 115
Procure, 55
Produção, 11
Produtividade, 96
Produtos/serviços, 106
Propósito transcendental, 83
Protágoras, 41

Q

Qualidade, 13, 8, 126
  de vida no trabalho, 95
  total, 52
Qualificação e atualização, 136
Quatro polos existenciais, 87, 92
Quociente de felicidade, 101

R

Radicalidade, 44
Reciclar-se constantemente, 136
Recongelamento, 115
Redescoberta
  da cidadania, 88
  da organização flexível, 88
  do cliente, 87
  do homem, 87
Redesenho de cargos, 40
Reeducação empresarial, 50, 51
Reengenharia, 44, 51
Reflexão
  em equipe, 90
  estratégica, 11
Reflita, 55
Reformas, 46
Rejeição ao obsoleto, 82
Relacionamento
  gerente-equipe, 53
  humano, 56
Renovação, 100
  contínua, 14, 19, 89, 90, 92, 125
  em uma empresa, 14
  empresarial, 105
  organizacional, 26
Replanejamento, 89
Representação, 70
Resistência, 39
Responsabilidade, 108
  pelos resultados, 82
  social, 105
Responsáveis, 5
Resposta empresarial aos novos desafios, 131
Resultados, 5, 107
Retroação
  autogerada, 39
  dada pela tarefa, 39
Reuniões sem conclusões nem retorno, 7
Riscos, 55

S

Saber
  dizer não, 59
  ouvir, 61
Segurança, 70
  interior, 82
Seidmann, Abraham, 49
ServiceMaster, 35
Serviços de qualidade, 98
Sessões ilustradas, 98
Significado de ser adulto, 93
Simplicidade, 96
Sindicatos, 6
Síndrome da velocidade, 121, 123
Sinergia, 83, 97, 108
  de equipes, 19, 52
Sistema(s)
  de imperialismo econômico, 122
  mecanísticos, 113
  orgânicos, 113
Situação, 7
  atual, 9
  futura, 9
Sociedade
  de aprendizagem, 121, 124
  em mudança, 90
Stakeholders, 33
Sucesso organizacional, 19, 22
Sugestões, 69

T

Talentos, 30, 106
Tecnologia, 9, 11, 101, 107
Tendências, 7, 11
Teoria(s)
  da Expectância, 40
  de Sistemas, 49
  do Caminho-meta, 77, 78, 80
  do Caos Assumido, 44
  situacionais de liderança, 74
  Voltada para os Objetivos, 77

X de McGregor, 72
Y de McGregor, 72
Toyota, 139
Trabalho, 87, 90, 92
Transformações radicais, 43
Treinamento sem fundamentação nem acompanhamento, 7
3M, 34

U

Urgências, 7

V

Valência, 40
Valèry, Paul, 43
Valores humanos, 11
Valorização
  de ideias, 58
  humana, 89
Visão
  antecipatória, 146
  de futuro, 28, 35, 147
  de negócio, 36, 37
  diagnóstica e estratégica, 52
  distorcida do cliente, 22
  empresarial, 11
  estratégica, 1, 3, 11, 140, 143
    e pensamento estratégico, 4
  holística, 140
  periférica, 145, 146
  pessoal, 81
  planetária/estratégica, 18
  sistêmica, 140, 144, 145
Volkswagen, 36

W

Watson, Thomaz, 128
Wilson, Don, 51

X

Xerox, 34

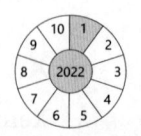